De 0 a 100

con

Arduino y ESP32

Fco. Javier Rodriguez Navarro

Índice

1 *NOTAS PARA EL LECTOR*

En este mundo donde la tecnología esta casi en cualquier lugar, tomemos nota del Internet de las Cosas "IoT" por ejemplo, han surgido una variedad de placas que facilitan a ingenieros y no ingenieros el desarrollo de sus propios proyectos de hardware/software.

Gracias a ellas nos abren un nuevo mundo creativo con las cuales poder generar prototipos e incluso llevarlos proyectos reales, que ha generado una gran comunidad DIY (hazlo tu mismo) en el mundo de la electrónica y la programación.

De la gran variedad de placas (como pinceles tiene un pintor) tenemos de varios tipos(con diferentes microcontroladores) como son: *ESP-8266, Arduino, ESP-32, piZero, Raspberry-Pi, C.H.I.P., Orange-Pi* y otras muchas. Nos hemos decantado por dos tipo *Arduino UNO* (con microcontrolador AVR) con largos años en el mercado y las nuevas placas basadas en microcontrolador ESP32 por sus nuevas características nos permiten realizar proyectos más avanzados.

Este libro va dirigido a todos aquellos lectores que deseen usar la programación para interactuar con su entorno, juntando de forma sencilla el Hardware y el Software, y se abordar desde la programación básica (para programadores noveles) hasta conceptos más avanzados (programadores con experiencia) como son el tratamiento de eventos, creación de librerías, protocolos I2C, CallBack y otros.

Hemos estructurado el libro comenzando con una breve explicación de las placas que utilizaremos en el libro, después continuamos con el entorno de desarrollo *"IDE Arduino"* que utilizaremos y así podremos continuar rápidamente con parte de programación que se ha dividido en una básica, necesaria para aquellos programadores noveles, y continuaremos con la programación avanzada que nos permitirá realizar programas más complejos, mejor estructurados y crear nuestras propias librerías.

Después de la programación comenzamos con la programación propiamente de las placas Arduino y ESP32 ya que empezamos con la explicación de las entradas y salidas digitales y analógicas, tanto en su parte de programación como diseño electrónico para saber como conectar los sensores y actuadores.

Después de conocer las entradas y salidas nos adentraremos en la parte de comunicaciones con los distintos protocolos soportados como son: UART, I2C, SPI.

En este momento ya tenemos una base muy completa de programación de nuestro Arduino y ESP32 así que continuaremos con las características especiales del ESP32, como es la comunicación WIFI y Bluetooth, la programación multitarea y los diferentes modos de trabajo según consumo entre otros.

Para finalizar daremos unas pequeñas nociones de electrónica como son las resistencias, transistores, y formas de alimentar nuestras placas y finalizaremos con algunos de los componentes que podemos conectar en nuestras placas ya sean simples leds, como bombillas tiras de led RGB, motores y sus tipos, sonido, etc.

Todos los apartados tendrán códigos de ejemplos que junto a sus esquemas los podremos encontrar en:

https://github.com/pinguytaz/Arduino-ESP32/tree/master/CuadernoTecnico

de esta forma ademas de que nos sera más fácil copiarlo para probarlo y modificarlo, reducimos el tamaño de este libro ademas de tener el código siempre actualizado y ademas podrá ir creciendo con nuevos ejemplos.

En los apartados de programación se propondrán ejercicios, se recomienda intentar resolverlos solos, su resolución estarán junto al resto del código en el directorio "*/P_Basica*"

NOTA: El nombre de los ejemplos publicados en el enlace anterior se identifican con "*Nombre Ejemplo*" en el libro para su fácil identificación.

2   *ARDUINO & ESP32*

La programación la realizaremos con el **IDE-Arduino** tanto para la placa Arduino-UNO o la placa DevKitC con ESP32.

Existen otras placa tipo ESP8266, Raspberry-Pi (un micro ordenador normalmente con Linux) y muchas otras placas de tipo Arduino o que utilizan ESP32, pero nos centraremos en estas dos por ser las más extendidas.

2.1   Arduino

Arduino es un hardware con un microcontrolador, normalmente AVR, puertos digitales y analógicos de entrada / salida, el número de estos dependerá del modelo de Arduino, que nos permitirá interactuar con el mundo exterior. Arduino fue diseñado para facilitar el uso a la gente que se inicia en esta bonita experiencia de unir la electrónica con el software.

Podemos decir que Arduino es el cerebro (lo programamos nosotros) y los sensores y actuadores son los ojos, manos y piernas de nuestros proyectos.

A las placas de Arduino se pueden conectar otras placas de expansión que llamaremos "*shields*", están amplían algunas características de este.

<u>¿Que nos ofrece una placa Arduino frente a un simple microcontrolador?</u>

La diferencia es que Arduino es una placa que contiene el microcontrolador y a su vez todo un conjunto de elementos a su alrededor para su correcto funcionamiento, ademas nos da un entorno de desarrollo (IDE) y un *bootloader* que nos facilita su programación y diseño de nuestros proyectos. El diseño de esta placa es hardware libre lo que ha permitido la creación de muchas otras placas compatibles con sus pros y contra, así como una gran comunidad de usuarios que aportan conocimiento y librerías que podremos usar en nuestros proyectos.

2.1.1 Modelos de placas Arduino

Ya hemos comentado que el diseño hardware de Arduino esta publicado como licencia libre, por lo que cualquiera puede crear su tarjeta Arduino, disponemos de muchas pero aquí recomendamos ir a la pagina de Arduino para elegir el modelo que nos interesa utilizar o buscar otros modelos.

Las características más habituales que deberemos mirar para saber cual se adapta mejor a nuestros proyectos son:

- **Microprocesador y frecuencia de reloj**: normalmente no importara ya que no bajaremos a tan bajo nivel de programación.

- **Entradas / Salidas digitales**: Son las entradas/salidas que solo permiten los valores ALTO y BAJO, por regla general operan a 5V y 20mA máximo. Este parámetro es importante pues si necesitamos más deberemos poner un SHIELD que las amplié o usar varios Arduinos que se comuniquen entre ellos y uno sea el maestro.

  Algunas de estas entradas/salidas también se utilizan como PWM (Según se configuren) o como puerto Serie, SPI o I2C.

- **Salidas PWM**: Simulan una salida analógica mediante modulación de pulsos y son algunas de las digitales comentadas anteriormente.

- **Entradas analógicas**: Poca descripción necesitan, suelen tener una resolución de 10 bits y los valores de entrada van desde 0V a +5V(Este puede ser configurable mediante "*AREF*", en algunos modelos, y programación).

- **UART** o puertos serie, podemos pasar de uno que dispone el Arduino-UNO a los cuatro que tiene el Arduino-DUE. De todas formas existen librerías para usar pines de E/S como *RX/TX* del puerto lo que nos permite ampliar estos puertos series si es necesario.

- **Tamaño EPROM**: Memoria permanente que nos permite almacenar datos cuando este esta apagado, es ideal para guardar datos de configuración de nuestro proyecto.

  Por desgracia muchas veces no la usamos y guardamos estos datos directamente en el código. Recordemos que un simple K, son 1.024 bytes a poder utilizar, lo cual nos permite guardar bastante información.

- **Memoria SRAM**: Memoria donde se guardan la variables globales y locales.

- **Memoria FLASH**: Es donde almacenamos nuestro Bootloader y programa, por eso siempre definiremos el tamaño de esta y el tamaño del Bootloader y así podemos conocer del tamaño FLASH del que disponemos.

  Siempre podremos cambiar el bootloader pero debemos ser conscientes de lo que hacemos, para no quedarnos sin nuestra placa Arduino.

- **Tensión / Corriente funcionamiento**: Es la tensión/corriente de los pines de E/S, normalmente 5V pero el DUE por ejemplo es de 3.3V.

- **Tensión de alimentación** es el rango en el que el Arduino se alimenta, normalmente 7-12V y este ya rectifica a 5V.

- **Comunicación**: SPI, I2C, etc.

En la página oficial (*https://www.arduino.cc*) encontraremos un gran número de placas con sus características. También disponemos de placas de otros fabricantes, pero **OJO** no confundir las placas creadas basándose en el diseño de Arduino (es un proyecto libre) y que les dan otro nombre y a veces realizan cambios para mejorarlas o adaptarlas para necesidades especificas, como las que se venden con el nombre de Arduino y son copias de mala calidad.

Dentro de placas de otros fabricantes tendremos:

- **Funduino** *https://www.funduinoshop.com*

- **SparkFun** *https://www.sparkfun.com/products/13975*

  "*SparkFun*" es un fabricante que ademas dispone de mucho productos que podremos conectar a nuestro Arduino.

- **FreeNove** *https://freenove.com/index.html*

  Dispone de placas, Kits de iniciación y robots, tanto para Arduino como ESP32 y Raspberry.

2.2   Placas tipo ESP32

El *ESP32* es el hermano mayor del *ESP8266*, con el que se realizan varios de los módulos de WIFI para Arduino como el ESP-01, y nos proporciona un micro dual, conectividad inalámbrica no solo WIFI sino también Bluetooth BLE.

Relacionándolo con nuestro Arduino diremos que este modulo tiene varias mejoras al tener incorporado el modulo de WIFI y Bluetooth en el propio micro y algunas entradas/salidas más que en el Arduino así como salidas analógicas. No obstante deberemos analizar cuando nos interesa usar una u otra placa.

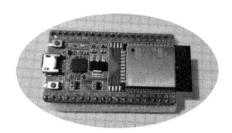

El ESP32 es una CPU de la compañía *Espressif Systems*, nosotros usaremos las placas de desarrollo con esta CPU para crear nuestros proyectos.

En un único chip tenemos un procesador *Tensilica Xtensa@* de doble núcleo y los módulos de conectividad WiFi y Bluetooth 4.0.

Al igual que las placas Arduino que normalmente están diseñadas con los microprocesadores AVR, en el caso de las placas ESP32 como hemos debido intuir tienen un procesador *Xtensa@ ESP32*, es interesante conocer una serie de conceptos referentes a esta placas que nos servirá para identificarlas y conocerlas mejor:

- **SoC(System on a Chip)**: Se refieren a la CPU.

- **Modulo**: Integran la CPU y algunos componentes más como son los osciladores, antenas, etc.

- **Placas de desarrollo**: Nos facilitan el desarrollo de nuestros proyectos. Ya que nos proporciona un acceso sencillo a los pines (según el modelo nos proporcionara mas o menos pines) además de conexión USB para su alimentación y programación, periféricos como cámaras en las placas tipo EYE, pantallas, tarjetas SD, etc.

Podemos ver y seleccionar los diferentes productos, buscando por SOC, módulos o placas de desarrollo de espressif en la página *https://products.espressif.com*

Las programación de las placas del ESP-32 se puede realizar con varios entornos, lenguajes e IDEs:

- **SDK ESP-IDF**: Desarrollado por la propia empresa y nos permite programar directamente en C los ESP32.

  https://docs.espressif.com/projects/esp-idf/en/stable/esp32/get-started/index.html

- **El IDE-Arduino** que es el que usaremos para ver así las pequeñas diferencias entre los dos tipos de placas y ademas usar un entorno común.

  https://github.com/espressif/arduino-esp32

  https://docs.espressif.com/projects/arduino-esp32/en/latest/index.html

Utilizaremos el Core-Arduino para ESP32 3.3 que esta basada en el ESP-IDF 5.5, la placa que utilizaremos en nuestros desarrollos es una placa *DevKitC*,exactamente *DevKitC V4* de 38 pines:

- Modulo *ESP32-WROOM*, basado en el SoC **ESP32-DoWD** con flash integrada.

  ○ 520 KB SRAM para datos e instrucciones.

- ○ 448 KB ROM para el arranque y funciones básicas.

- ○ 16 KB RTC SRAM

- ○ Antena integrada

- ○ 4MB SPI-Flash

- Conexión USB, tanto para la comunicación como para la alimentación.

- Botón EN, para reiniciar la placa

- Botón de descarga de firmware, que se pulsara junto al EN.

- Alimentación ademas del puerto USB por 5V o 3V3. **OJO** solo alimentar de una forma. Para nuestros cálculos de consumo nos basaremos en 260mA, ya que el consumo real dependerá del modo en el trabaje.

- **Tensión de trabajo** 2,3V – 3,6V

- **Wifi** 802.11 b/g/n

- **Bluetooth** v4.2, BLE

- 18 **ADC** (Analógico - Digital) de resolución 12Bits

- 2 **DAC** (Digital - Analógico) de 8 Bits.

- 10 **Sensores Capacitivos**

- **I2C** (2), **SPI**(3), **UART** (3), **I2S**(2)

- **E/S digitales**.

- 16 **PWM**

El ESP32 puede funcionar en distintos modos de operación, que afectaran al consumo:

- **Activo**: todo encendido, el chip puede recibir, transmitir y escuchar.

- **Modem-sleep**: la CPU está operativa y el reloj es configurable. WiFi y Bluetooth están desactivados.

- **Light-sleep**: la CPU está pausada. La memoria y los periféricos RTC están activos junto al coprocesador ULP de bajo consumo. La CPU se activará ante un evento que requiera su uso.

- **Deep-sleep**: solo la memoria y los periféricos RTC están encendidos. Los datos de conexión WiFi o Bluetooth se almacenan en la memoria RTC.

- **Hibernación**: el oscilador interno de 8MHz y el coprocesador ULP están deshabilitados. Se despertaría con un Timer RTC o evento generado por algún GPIO.

Los pines en las placas ESP32 son algo más complejo que en la placa Arduino-UNO, por este motivo dejamos un esquema.

Nos referimos a los pines como GPIO-n ya que suelen tener diferentes funciones y en algunos casos son especiales y es conveniente evitar su uso, se alertara sobre ellos aunque adelantamos 6 pines que sirven para la Flash externa que lleva nuestro modulo y no debemos usar y son las GPIO-6-11 (En el esquema de pines se pueden ver con un símbolo de exclamación.

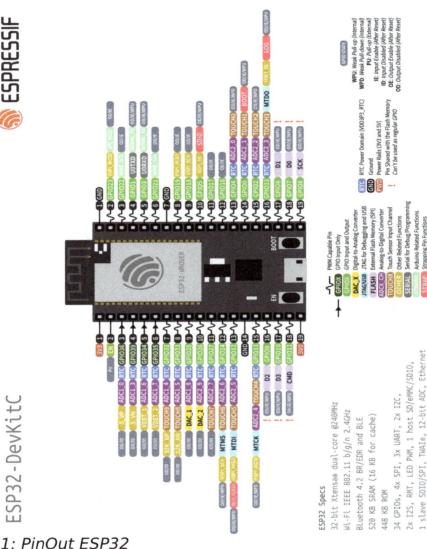

Fig. 1: PinOut ESP32

3 IDE-ARDUINO

IDE significa entorno de desarrollo integrado, y nos permite escribir código, compilarlo, depurarlo y subirlo a nuestra placa directamente desde él.

Programa fuente
.ino
Compila
Binario
.hex o .bin
Cargar

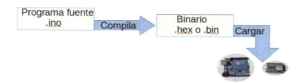

Fig. 2: Flujo compilación

Todo este proceso se podría realizar manualmente pero gracias al **IDE** lo realizamos todo desde una misma herramienta ademas de facilitarnos las configuraciones necesarias de estas.

Para las explicaciones utilizaremos el **IDE-Arduino V2**, ha sido completamente reescrito y tiene algunas mejoras aunque mantiene un interfaz similar, como podemos ver en las imágenes.

sketch_nov27a
void setup() {
// put your setup code here, to run once:
}
void loop() {
// put your main code here, to run repeatedly:
}

Fig. 3: IDE Arduino V1

Fig. 4: IDE Arduino V2

Vemos que en la nueva versión la selección de placa se puede hacer también desde la botonera, no solo desde el menú como antes, ademas aparece un nuevo icono de depuración (nueva opción de este IDE) y los iconos de salvar y cargar se llevan al lado derecho.

El uso es casi igual al anterior (diferencias notables las comentaremos) por lo tanto las explicaciones las realizaremos desde esta nueva versión, ya que dispone de algunas mejoras interesantes:

- Mejor rendimiento.
- Autocompletado,
- Depurador para Arduino

Lo primero sera descargarnos el programa desde la página e instalarlo como nos indica "*https://docs.arduino.cc/software/ide-v2/tutorials/getting-started/ide-v2-downloading-and-installing*"

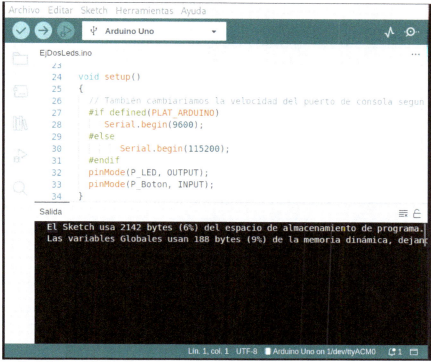

Fig. 5: Vista IDE V2

En el IDE nos encontramos varias zona: área menú, botonera arriba, botonera derecha, zona de edición, zona de mensajes (Salidas, monitor serie, etc.) y pie con información.

El **área del menú** que consta de 5 opciones: Archivo, Editar, Sketch, Herramienta y Ayuda, y estos con sus opciones.

1. **Archivo**: Tenemos las opciones de crear un nuevo programa (Sketch), abrir, salvar y preferencias (esta opción la tratamos en el apartado "3.1 Preferencias (Archivo->Preferencias)") como las principales

2. **Editar**: Opciones típicas de la edición del fuente, como son copiar&pegar, sangría, tamaño de letra y buscar.

3. **Sketch o Programa:** Desde esta opción podremos verificar y compilar nuestro programa, cargar nuestro programa en nuestra placa, incluir librerías y una opciones que es:

   ○ **Exportar binario**: Nos genera un fichero (.*hex* para entorno Arduino, .*bin* para ESP32) que contiene el código binario que se graba en la placa.

     Estos ficheros se grabaran en la carpeta del proyecto y según la plataforma para la que se genere se crearan distintos archivos:

     ■ En **Arduino** se generaran dos ficheros .*hex* uno con el *bootloader* y otro sin el código del *bootloader*.

     ■ En ESP32 se genera un fichero .bin.

     Con disponible podremos realizar acciones directamente desde linea de comando de sistema operativo, con los comandos en linea del micro que utilizamos:

       • **Grabar** los micros, de forma que compilamos una vez y vamos conectando micros y grabando sin necesidad del **IDE**

       • **Desensamblado** que nos permite ver el código en ensamblador.

```
avr-objdump -j -sec1 -d -m avr5 <fichero.hexe> > <fichero.asm>
```

4. **Herramientas**:

Nos permite ejecutar herramientas extras como:

○ **Gestionar biblioteca**: Nos permite gestionar las librerías, instalar, actualizar, borrar, en el entorno, ejemplo una librería para el uso de RFID. Esto también se podrá realizar con el icono de los libros de la parte izquierda.

○ **Monitor Serie**: Abre una ventana en la que tenemos un terminal serie, por el puerto seleccionado para la grabación, e intercambiaremos datos con *Serial.println* o *Serial.read*, esto también se puede realizar con un terminal serie externo.

  Desde iconos seria el icono más a la derecha de la botonera superior.

○ **Serial Plotter:** como el monitor pero realizando una gráfica de los datos recibidos. El icono de al lado del monitor.

○ **Placas:** Nos permite seleccionar la placa que utilizaremos ejemplo Arduino UNO, Nano o ESP32 entre otras. Según la placa nos aparecerán diferentes opciones como el puerto de conexión, programador que utilizaremos.

 En el desplegable de la botonera superior podremos ver las placas conectadas a nuestros puertos, por si tenemos varias conectadas, y seleccionar la que queramos. Esto es muy practico si el mismo programa lo queremos pasar a varias placas.

○ **Grabar BootLoader**: Nos permite grabar el cargador de arranque, aunque lo normal es no utilizarla salvo: que lo hubiéramos sobrescrito, la placa venga sin el *bootloader* cargador o deseemos instalar uno nuevo.

La botonera superior consta de 6 iconos y un desplegable que nos permitirán:

1. **Verificar la sintaxis** del programa, lo compila pero no realiza la subida a la placa.

2. **Compilar** y cargar el programa en la placa.

3. **Depuración** Para probar el programa en tiempo real.

4. **Desplegable** con las placas conectadas.

5. **Plotter Serie**

6. **Monitor Serie**

Una botonera izquierda con las siguientes opciones:

1. Carga de programas locales o sincronizados en Android Cloud.

2. Gestor de placas

3. Gestión de librerías

4. Depurador

5. Búsqueda de palabras en nuestro código

La **zona de edición** es donde escribiremos nuestro código y consta de varias carpetas, una por cada fichero de nuestro proyecto, con extensiones .ino, .h y .cpp generalmente.

Luego tendremos una **zona de mensajes** que nos va informado de lo que va realizando.

Por ultimo abajo del todo tendremos la **zona de consola** que nos permite ver las salidas de los comandos y errores de compilación o carga.

3.1 Preferencias (*Archivo->Preferencias*)

Nos permitirá definir las preferencias de nuestro entorno.

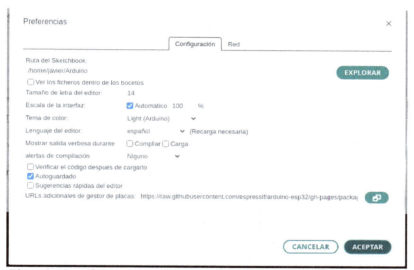

Fig. 6: Preferencias IDE

- Ruta por defecto de nuestros programas.

- Idioma de los menús y mensajes del IDE.

- Tamaño de la fuente.

- Detalle de la salida de la *consola*, zona por debajo del editor y nos permite indicar si queremos una salida detallada de la

compilación y subida del programa a la placa. Así como el
tipo de advertencias del compilador.

- URLs adicionales de gestor de placas.

  Desde *Herramientas→Placa* Definiremos la placa con la que
  trabajaremos, dentro de las configuradas en preferencias, ya
  sean de tipo Arduino: UNO, nano o Mega por ejemplo o
  alguna de tipo ESP32 si hemos definido el JSON
  correspondiente en la URL de tarjetas adicionales.

3.1.1 Instalar entorno ESP32

Para poder programar el ESP32 deberemos instalar el núcleo del
ESP32 y se realizara de forma muy sencilla. En la opción
preferencias no solo podremos definir como nos gusta ver nuestro
código sino que también podemos configurar el IDE de Arduino
para poder compilar y subir programa en otras tarjetas, como por
ejemplo las *ESP32*, de una manera muy sencilla y consiste en
definir un archivo JSON que nos proporcionara el fabricante.

Para las placas *ESP32*, y en concreto para *DevKitCv4* deberemos
realizar estos sencillos pasos.

1. Ir a las preferencias "*Archivo → Preferencias*"

2. En la casilla de Gestor URLs de tarjetas adicionales
   deberemos añadir

"*https://raw.githubusercontent.com/espressif/arduino-esp32/g h-pages/package_esp32_index.json*"

Pulsando el botón de la derecha veremos todas la URLs de tarjetas adicionales configuradas.

3. Ahora cargaremos las placas *ESP32*, para esto es tan sencillo como ir a "*Herramientas→Placas→>Gestor de tarjetas*"

Y buscaremos las tarjetas *ESP32* que instalaremos.

4. Desde este momento ya disponemos de tarjetas *ESP32*, ahora deberemos elegir la tarjeta con la que vamos a trabajar en "*Herramientas→Placas*"

   • *ESP32* (Placas *ESP32*)

   • Arduino AVR (Placas Arduino)

5. Dentro de la opción *ESP32* (igual que en las de Arduino) tenemos muchas opciones, elegiremos nuestra placa, que en nuestro caso sera "*DOIT ESP32 DEVKIT V1*".

En el caso de utilizar el módulo *ESP-CAM* (módulo ESP32 con cámara), normalmente usaremos "*AI-Thinker ESP32-CAM*".

6. Configuraremos el puerto de acceso.

7. Dejaremos el resto de las opciones con sus valores por defecto.

Notas:

*   Para las placas *ESP32*, deberemos tener instalado Python y que el ejecutable 'python' este en el PATH.

*   Instalar la librería serial de python "python-pyserial"

3.2   Instalación driver en Windows

En Windows, windows10 en este caso, a veces no esta cargado el driver de USB "CP2102", que algunas placas de ESP32 utilizan. Para esto deberemos instalarlo

*   Descargar Driver *CP2102*
    https://www.silabs.com/documents/public/software/CP210x_ Universal_Windows_Driver.zip

arm	05/08/2021 16:09	Carpeta de archivos	
arm64	05/08/2021 16:09	Carpeta de archivos	
x64	05/08/2021 16:09	Carpeta de archivos	
x86	05/08/2021 16:09	Carpeta de archivos	
CP210x_Universal_Windows_Driver_Relea...	05/08/2021 16:09	Documento de te...	26 KB
CP210xVCPInstaller_x64	05/08/2021 16:09	Aplicación	1.026 KB
CP210xVCPInstaller_x86	05/08/2021 16:09	Aplicación	903 KB
dpinst	05/08/2021 16:09	Documento XML	12 KB
silabser	05/08/2021 16:09	Catálogo de segur...	13 KB
silabser	05/08/2021 16:09	Información sobre...	11 KB
SLAB_License_Agreement_VCP_Windows	05/08/2021 16:09	Documento de te...	9 KB

*   Abrimos el fichero .ZIP y ejecutamos el instalador que nos corresponda, en nuestro caso _x64.

- Nos pedirá autorización para descargar el resto de los ficheros y además para su ejecución y le diremos que si.

- Reiniciamos Windows, para asegurar la correcta instalación de los Drivers y volvemos abrir el IDE de Arduino.

En el caso de que no tengamos la aplicación de instalación, cosa que ocurre en las ultimas versiones, sera tan sencillo como:

1. Desempaquetar el ZIP en un directorio local.

2. Pulsamos el botón derecho del ratón en el fichero "silabser.inf".

Una vez que tenemos instalado el driver, confirmaremos que ya nos da opción de puerto para cargar programas y lo probaremos.

Para probar el correcto funcionamiento en los ESP32, cargaremos el programa de ejemplo "CHIPID", en Arduino no disponemos de esta opción por eso ejecutamos el programa de ejemplo "Blink", que nos dará información de este.

```
    31

Salida    Monitor Serie  x

Mensaje (intro para enviar el mensaje de 'DOIT ESP32 DEVKIT v1' a '/dev/ttyUSB0')

ESP32 Chip model = ESP32-D0WDQ6 Rev 1
This chip has 2 cores
Chip ID: 1421300
ESP32 Chip model = ESP32-D0WDQ6 Rev 1
```

La salida del monitor serie, que se obtiene con el ultimo botón de la derecha de la botonera superior o desde el menú Herramientas→Monitor Serie, se visualiza en la zona de mensajes en la carpeta Monitor Serie.

NOTA: En algunas placas intenta conectar y no termina de cargar el programa, la solución es dar al botón "BOOT" al aparecer el mensaje de "*Connecting…....._*" y al momento se inicia la carga de forma que podemos soltar el botón.

4 *PROGRAMACIÓN*

Un programa principal, ya sea para Arduino o ESP32, se escribirá en un fichero con extensión ".ino" que se encontrara en una carpeta de igual nombre pero sin la extensión y que llamaremos carpeta de proyecto.

Dentro de la carpeta de proyecto a también podremos encontrar otros ficheros por ejemplo extensión ".h" (ficheros cabecera) que tendrán la definición de estructuras, constantes, variables incluso definición de clases que se complementaran con archivos de extensión ".cpp" que tendrán el código de estas clases.

En principio solo .ino, .h y .cpp, ya que lo otro nos lo reservamos para la creación de nuestras librerías con clases.

4.1 Mi primer programa

Antes de continuar con la programación crearemos nuestro primer programa para así modificarlo y poder probar lo que aprenderemos a continuación.

Para crear nuestro primer programa lo primero sera crear un nuevo programa (Archivo→nuevo Sketch) y escribir en la zona de edición nuestro primer programa.

```
void setup()
{
  // Código de inicialización
  Serial.begin(9600);
```

```
  Serial.println("Hola amigo");

}

void loop()
{
  // Se repita continuamente
  unsigned long tiempo;
  delay(15000);
  tiempo = millis();
  Serial.print(tiempo/1000);
  Serial.println(" --> Estoy vivo han pasado 15 segundos");
}
```

1. Conectaremos nuestro Arduino al USB de nuestro ordenador.

2. En el menú Herramientas seleccionaremos la placa Arduino UNO.

3. En puerto seleccionaremos el USB en el que este conectado nuestro Arduino.

4. Compilamos y cargamos nuestro programa en la placa Arduino., de alguna de las siguientes formas

   ○ Pulsando Ctrl+U

   ○ Pulsando el icono de carga " "

   ○ Opción de menú "Sketch->Cargar"

5. Arrancamos el monitor serie para ver la salida de nuestro programa, de alguna de las siguientes formas.

   ○ Pulsando Ctrl+Mayusculas+M

○ Pulsando el icono del monitor " ⊙ "

○ Opción del menú "Herramientas→Monitor Serie"

```
Archivo  Editar  Sketch  Herramientas  Ayuda

  ✓  →  ▶    Arduino Nano            ▼

  HolaAmigo.ino
        1    /* ---------------------------------------
        2    Fco. Javier Rodriguez Navarro    www.pinguytaz.net
        3
        4
        5    Mi primer programa
        6    | Imprime un salu      Salida   Monitor Serie ✕
        7
        8    ----------------------  Mensaje (Intro para mandar el mensaje de Arduino Nano a 'nievityUSB0')
        9
       10    void setup()            Hola amigo
       11    {                       14 --> Estoy vivo han pasado 15 segundos
       12      // Codigo de inic     30 --> Estoy vivo han pasado 15 segundos
       13      Serial.begin(9600     45 --> Estoy vivo han pasado 15 segundos
       14      Serial.println("H     60 --> Estoy vivo han pasado 15 segundos
       15                            75 --> Estoy vivo han pasado 15 segundos
       16    }                       90 --> Estoy vivo han pasado 15 segundos
       17                            105 --> Estoy vivo han pasado 15 segurdos
       18    void loop()
       19    {
       20      // Se repita con
       21      unsigned long tie...,..
       22      delay(15000);
       23      tiempo = millis();
       24      Serial.print(tiempo/1000);
       25      Serial.println(" --> Estoy vivo han pasado 15 segundos");
       26    }
       27
```

Todo programa en Arduino tiene dos funciones *"setup"* y *"loop"*:

1. **setup()** que contiene el código inicial que se ejecuta al arrancar nuestra placa y solo se ejecuta una vez. Definiremos los pines y activación inicial de dispositivos.

   En nuestro primer programa es donde definimos la configuración de la consola para visualizar nuestros mensages *"**Serial.begin(9600)**"* y se le manda escribir "**Hola Amigo**".

   En un programa normal escrito en C seria la función *main()*.

2. **loop()** que contiene el código que se ejecuta continuamente hasta que se apaga la placa.

En nuestro programa es donde le mandamos escribir cada 15 segundos "**Estoy Vivo**" y ademas los segundos que lleva arrancado nuestro Arduino.

En un programa en C seria un bucle "While True", bucle sin final, en la función main después de las inicializaciones.

Todo código es interesante que este comentado. Un comentario son lineas que no se ejecutan y nos sirve para documentar nuestro programa, y tenemos dos formas de comentar:

- Comentario de linea "//" ya que todo el texto hasta el final de la linea no se ejecuta.

- Comentario múltiples lineas se inicia con "/*" y finalizara con "*/

```
/********************************
 * Autor:
 * Versión:
 *
 * Descripción:
 *
 *  DATOS ALMACENAMIENTO:
 *  Programa: XXX bytes
 *  Variables YYY bytes
 *************************/
#include <??????>        // Carga de ficheros cabecera de librerías y funciones.

#define ????? ¿¿¿¿¿ // Definición PALABRA VALOR que se sustituye

// Declaración de variables y constantes globales

void setup()
{
    // Definición de pines
    // Inicializaciones
}
void loop()
{
    // Definición variables locales.
    // Programa
}
//  Funciones, que también se podrán incluir en un fichero cabecera.
/*************************
 * func(par, ...)
 *
 * Descripción
 *
 * @param Descripción parámetro
 * @return  Descripción de retorno
 *****************************/
tipo o void func(tipo var,...)
{
```

```
   .......
   }
```

4.2   Variables y constantes

Una variable es un elemento del lenguaje que nos permite
almacenar datos, las variables tienen varios ámbitos que definen
donde pueden ser utilizadas y son:

- *Globales* se definen antes del bloque *setup()* y son accesibles
  desde cualquier lugar de nuestro programa, las conocen
  todos.

- *Locales* se definen en los bloques de funciones o estructuras
  de control y son locales a ese bloque, así en nuestro primer
  ejemplo la variable "*tiempo*" del *loop* solo la conocería la
  función *loop*.

Si declaramos una variable local con el mismo nombre que una
definida en global, tendrá preferencia la local y por lo tanto
recogerá el valor de la local.

La forma de declarar una variable es muy sencilla

<tipo> <nombre>

```
int e=10;   // Definimos una variable global entera.

setup()
{
   float f2   // Definimos f2 como una variable local a setup y permite decimales.
   float f = 9.6;   // Definimos e inicializamos la variable f
   f2 = f * 2      // Una expresión que multiplica por 2 el valor de f
                   // f2 valdrá 9,6*2
}
loop
{
   int f = 9;   // Local a Loop y de tipo entero, es distinta a la definida en setup
   f = f + e // en f guardamos la suma de f y e (variable global)
             // luego f (la local del loop) tomara el valor 19   (9+10)
}
```

Podemos ver en el código anterior no solo el ámbito en el que se pueden utilizar las variables sino como con ellas se pueden realizar operaciones tanto aritméticas como binarias.

Tabla A: Operadores Matemáticos.

Operador	Descripción
+	Suma
-	Resta
*	Multiplicación
/	División
%	Modulo, que es el resto de la división.
=	Asignación

También podemos realizar operaciones a nivel de bits.

Tabla B: Operadores de bits.

Operador	Descripción
&	AND binario 0b0110 & 0b1101 = 0b0100
|	OR binario 0b0110 | 0b1101 = 0b1111
^	XOR binario 0b0110 ^ 0b1101 = 0b1011
~	Negación ~0b0110 = 0b1001
«	Desplazamiento a la izquierda. **Valor » desplaza**
»	Desplazamiento a la derecha **Valor « desplaza**

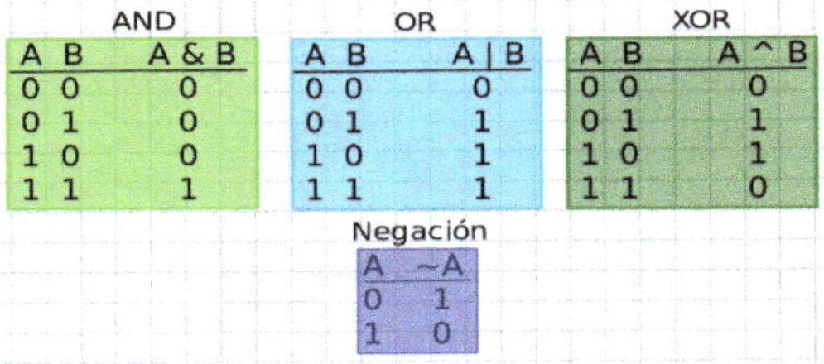

Fig. 7: Operaciones Lógicas

```
// Operaciones de desplazamientos de Bits

int a = 0b0000000000101000
int b = a » 3   // b pasaría a valer 0b0000000000000101
```

```
int b = a « 2    // b pasaría a valer 0b0000000010100000
```

Fig. 8: Desplazamientos de Bits

Tabla C: Operadores compuestos

Operador	Descripción
++	Incrementa en uno la variable. a++
--	Decrementa en uno a--
+=	Suma a la variable destino el valor. A+= 2 (es igual a a=a+2)
-=	Decrementa la variable destino
*=	Multiplica la variable destino
/=	Divide la variable destino
&=	Realiza un AND de bits a la variable destino
|=	Realiza un OR de bits a la variable destino
«=	Desplazamiento a la izquierda de la variable
»=	Desplazamiento a la derecha de la variable.

```
int a = 9
a++    // Seria lo mismo que decir a = a +1 por lo tanto a sera 10
a += 5  // Seria lo mismo que decir a = a + 5  así que valdrá 15 (10+5)
```

4.2.1 Tipos de Variables

Los tipos primitivos son: caracteres, números enteros y números en coma flotante. Los tipos primitivos disponibles y su tamaño son:

Tabla D: Tipos numéricos Arduino 8 bits.

Tipo Numérico	bits	Rango	Descripción
int	16	-32.768 a 32.767	Enteros con signo.
unsigned int	16	0 a 65.535	Enteros sin signo, solo positivos.
word	16	Lo mismo que *unsigned int*	
long	32	-2147483648 a 2147483647	Enteros grandes.
unsigned long	32	0-4.294.967.295	Enteros grandes sin signo.

float	32	3.4028235E +38 a +38-3.4028235E	Decimales con signo.
double	32	Igual que *float*.	
bool	8	false(0) true(1)	Binario: falso o cierto.
char	8	-128 a 127	Para representar caracteres. 'x'
byte	8	0 a 255	Como un carácter pero sin signo.

Podemos saber el numero de bits, o más concretamente bytes que ocupa una variable con la función *"sizeof(variable)"* .

```
int dato;
// Las siguientes sentencias asignan el mismo valor a dato pero en distintas bases
a = 250;
a = 0xFA;   // Es 250 en Hexadecimal
a = 0b11111010  // Es 250 en binario
```

La base de representación de los números puede realizarse en varios sistemas:

- **Octal** (Base 8)   Tendrán el prefijo '0' ejemplo (018)

- **Binarios** (Base 2) Se utiliza el prefijo '0b' (0b101101)

- **Hexadecimal** Utilizara el prefijo '0x' (0xFA)

Tabla E: Otros tipos.

Tipo	Descripción
void	Un tipo especial que significa nada y se utiliza para indicar que no existen parámetros o que una función no retorna nada.
void *	Con solo añadir un '*' el significado pasa a ser lo que sea. Puntero a cualquier tipo de dato. Se vera en el apartado 5.2.3 Tipo "void *" o puntero genérico
String	Representa una secuencia de caracteres.

A veces nos puede interesar convertir el valor de una variable a otro tipo, ejemplo tenemos una variable de tipo flotante en la que hemos estado operando con ella pero la función a la que se la vamos a pasar solo entiende enteros, para esto tenemos distintas formas, la primera y más utilizada es la llamada *"cast"* que convierte el valor al tipo indicado, y se deberá por lo tanto asignar a una variable del mismo tipo al que se desea convertir.

La forma de realizar es muy sencilla y consiste en poner como prefijo del valor a convertir (tipo a convertir)

```
float f = (float) 12;  // Convierte 12 a flotante 12.0 realizamos cast
int i = 4;
f = (float) i;
f = 12.7 / 6;
i = (int)  12.7 / 6;  // Convierte el flotante a entero perdiendo los decimales.
```

Otras formas es con los formateadores que se ponen al final del valor.:

- Una **U** fuerza que sea unsigned "33U"
- Una **L** para long "98675L"
- Una **UL** unsigned long "34576UL"

4.2.2 Calificadores

Las variables pueden calificarse antes del tipo y estos calificadores pueden ser:

- **volatile**

  Fuerza que la variable se almacene en memoria y no en un posible registro.

- **static**

  Son variables que retienen su valor a lo largo de la ejecución del programa.

Sabemos que una variable global se crea al inicio del programa y puede usarse desde cualquier sitio pero una local se creara al entrar en el bloque y sera destruida al salir.

En el caso de las estáticas locales, se creara la primera vez que se entra en el bloque y no se destruirá al salir, sera como una global pero su acceso solo podrá realizarse desde su bloque.

Un uso típico es realizar un contador de llamadas a una función por ejemplo.

Por lo tanto una variable *static* sera local a la función pero a diferencia de las variables no estáticas que se crean y se destruyen al finalizar la función, las estáticas se mantienen y solo se crean la primera vez de forma que en las siguientes llamadas a la función la variable estática tendrá el valor que se dejo la ultima vez.

- **const**

Hace que la variable sea solo de lectura.

- **PROGMEM**

Indica que se almacene en la FLASH(memoria de programa) y no en la memoria RAM. Al contrario de los otros calificadores este se pone antes del igual.

Para almacenar constantes de caracteres lo mejor es usar el macro *F(<cadena>)*

```
static int v=12;
const int unaconstante=98;
```

4.2.3 Constantes

Tenemos algunas constantes ya definidas por defecto y son:

*   **HIGH**, **LOW** Estado de pines digitales.

*   **INPUT**, **OUTPUT** Configuración de pines digitales, de entrada o de salida.

*   **true**, **false** Valores booleanos.

*   **PI** Valor del numero π.

4.3 Control de flujo

El flujo de un programa se realiza con las estructuras de control nos permitirá cambiar el funcionamiento lineal de un programa, ya sea por realizar o no un grupo de sentencias, llamadas estructuras de control condicionales o de decisión, o por repetir un grupo de sentencias y serán las estructuras de control tipo bucle.

Los bloques funcionales los definiremos entre las llaves "{ ... }", las variables que declaremos en estos bloques tendrán el ámbito de este bloque así que al salirnos de el dejaran de existir.

Antes de continuar nos interesa conocer los operadores lógicos (booleanas) que usaremos en las estructuras de control.

Tabla F: Operaciones lógicas.

Operador	Descripción	
Operadores de relación		
==	Igual a	
!=	Distinto de	

<	Menor que
>	Mayor que
<=	Menor o igual que
>=	Mayor o igual que
Operadores lógicos	
&&	AND lógico y deben cumplirse ambas para dar true
||	OR lógico si se cumple una u otra.
!	Negación, invierte el resultado lógico

4.3.1 Decisión (if, switch-case)

Una estructura de decisión evalúa una condición y según el resultado decidirá si se ejecuta o no.

La primera estructura de decisión, la más básica, sera la formada por la **sentencia '*if*'** que permitirá que se ejecute un bloque según el resultado de la expresión lógica.

```
if (expresión lógica) { Bloque que se ejecuta si se cumple }
else { Bloque que se ejecuta si no se cumple }     // Esta parte es opcional

// Ejemplo en el que en el caso de que a sea mayor que 10 le restara 2.
if (a>10)
{
   a = a - 2;
}
```

Como se ha podido ver la sentencia básica '*if*' se puede ampliar con un '*else*' para así decidir ejecutar un bloque si la sentencia '*if*' no se cumple.

Si necesitáramos seleccionar entre varias opciones podríamos usar varios sentencias '*if*' anidadas o lo más practico y elegante es usar la **sentencia '*switch*'** que nos permite ejecutar un bloque según el valor de una variable.

```
switch (variable)
   case valor1:
      Sentencias que se ejecuta si la variable vale 'valor1'
      break;
   case valor2:
      Sentencias que se ejecuta si la variable vale 'valor2'
   default:
      Sentencias que se ejecuta si la variable no es ninguno de los valores anteriores
      break;

// Ejemplo
switch (a)
   case 1:
      b = 0; // Cuando a = 1 la b se pone a 0
      break;
   case 2:
      b = b * 2; // Cuando a = 2 la b se duplica
      break;
   case 3:
      b = b * 10; // Cuando a = 3 la b se multiplica por 10
      break;
   default:
      b = 8;   // En cualquier otro caso la b pasara a valer 8
      break;
```

Recordar poner la sentencia '*break*' para salir del *switch* una vez finalizadas las sentencias. Podemos ver que en las estructuras *switch* no ponemos bloques { … } y si no utilizamos el break una vez se cumpla una de las opciones ejecutara todas las sentencias que estén por debajo.

4.3.2 Bucles (while, do, for)

También llamados *loop*, es un segmento de código que se ejecutara un numero determinado de veces, cada ejecución del bloque se llama iteración, mientras se cumpla la condición y tendremos varios tipos.

El primer bucle sera el realizado con la **sentencia '*while*'** que significa mientras, este bloque se ejecutara mientras se cumpla la condición y un ejemplo seria por ejemplo estar activando un motor mientra tengamos pulsado un botón.

```
while (condición)
{
    Bloque que se repite mientras se cumpla la condición,
}
```

Otro bucle es el que podemos usar con la **sentencia '*do*'** similar al *while* pero en este caso la condición se analiza al final por eso en este caso se ejecutara al menos una vez el bloque.

```
do
{
    Bloque que se repite mientras se cumpla la condición,se ejecuta al menos una vez.
} while (condición)
```

Y por ultimo tendremos el bucle por excelencia que se define con la **sentencia '*for*'** y que normalmente lo llamamos desde o para. Se suele usar cuando queremos que un trozo de código (un bloque) se ejecute un numero determinado de veces, aunque a veces se utiliza con condiciones más complejas.

Esta sentencia no la define solo la condición sino que la definen tres argumentos:

- *inicialización*, se ejecuta al principio e inicia una variable.

- *Condición* definirá si debemos ejecutar o no el bloque.

- Avance modifica la variable inicial para que el valor cambie y así el resultado de la condición.

```
for (int i=5 ; i<6 ; i++)
{
    Se ejecutara 6 veces (valores de la i (0,1,2,3,4,5) cuando vale 6 deja de ejecutarse.
}
```

El bucle no solo se realiza de forma incremental sino que podría ser regresiva, solo bastaría con que el avance reste, incluso este avance podría ser mayor a uno.

Tenemos otras sentencias que nos permitirán romper la secuencia de los bucles y son:

- **break** Sale del bucle, ya no mira la condición.
- **continue** Salta el resto del bloque y se va a la siguiente iteración.

4.3.3 Funciones

Al crear nuestro programa hemos creado dos funciones 'setup() y loop()' una que se ejecuta al principio y otra ciclicamente, ademas de las que vienen con nuestro entorno podemos crear las nuestras propias.

Las funciones nos permiten tener un bloque funcional el cual se podrá llamar en cualquier momento, pero ademas le podremos pasar parámetros de forma que el bloque se comportara según estos parámetros y también podrá devolver un valor.

```
<tipo retorno> <nombre función>(<parámetros>) { ...... return <var>}
```

Una función se declara con el nombre de la función precedido del tipo de valor que retorna y una lista de argumentos encerrados entre paréntesis. El cuerpo de la función está formado por un conjunto de declaraciones y de sentencias comprendidas entre llaves, bloque de función, y *"return"* en el caso de devolver valores.

```
// Definición de una función
//   <tipo retorno> <nombre función>(<parámetros>) { ...... return <var>}

float f1(int ventero, float vflotante)
{
  // Código función que retorna un flotante
   return ventero * vflotante;     // Valor que retorna la función
}

// Llamada de a la función
valor = f1 (12,4.5);
```

Las funciones por lo tanto nos sirven para descomponer un programa en pequeños módulos que nos permita simplificar la escritura y puesta a punto de estos, permitiendo un mejor mantenimiento de nuestro código y a no repetir operaciones comunes.

Si nos estamos preguntando si podemos retornar varios valores, la respuesta es si, y tenemos varias soluciones a este problema:

- Utilizar *variables globales*. Método cómodo pero peligroso, pues una variable global se puede modificar desde cualquier lugar y sin querer la podríamos modificar sin darnos cuenta, causando errores en el programa difíciles de localizar.

- Mediante **parámetros por referencia** que se basa en los punteros, que veremos más detalladamente en 5.2 Punteros, es la solución limpia y recomendada.

  Podemos ver en la figura el como pasar parámetros por referencia (dirección de almacenamiento de la variable) y su funcionamiento.

Fig. 9: Esquema paso por referencia

Esto nos permite que una función no solo retorne un valor "*return*" sino que puede modificar los valores de las variables pasadas (siempre que sea un parámetro por referencia no por valor que son solo de ida) y por lo tanto retornar de esta forma varios valores sin necesidad de utilizar variables globales.

```
int k = 9;
funcion1(&k); // Al finalizar la k tendrá el valor 11. Se envía la dirección
funcion1(int *a) { *a = *a+2;} // Llega un puntero o dirección a un entero.
```

4.3.3.1 Funciones internas en Arduino

Antes vimos como definir funciones, pero disponemos de funciones ya definidas que nos pueden ser de mucha utilidad.

Tabla G: Funciones de Tiempo

Funcion	Descripción
unsigned long millis()	Número de milisegundos desde que se inicio Arduino, el máximo es de 50 días, en ese momento empieza otra vez desde 0.
unsigned long micros()	Micro segundos desde que se inicio Arduino el máximo 70 minutos.
delay(unsigned long)	Realiza una pausa de los milisegundos indicados en el parámetro.
delayMicroseconds(unsigned int)	Pausa en microsegundos.

Tabla H: Funciones matemáticas

Funcion	Descripción
min(x,y)	Retorna el menor de los dos números pasados.
max(x,y)	Retorna el mayor de los dos números pasados.
constrain(x, min, max)	Retorna un valor de x entre min y max, así si es menor sera min y si es mayor sera max en otro caso sera igual a x.
abs(x)	Valor absoluto.
constrain(x, Vmin, Vmax)	Limita la variable a los rangos elegidos, se utiliza en conjunto con la función map()
map(V,DeBajo,DeAlto,Abajo,AAlto)	Retorna un valor escalado de un rango ABajo y AAlto, calculado según el rango DeBajo-DeAlto de entrada. Función utilizada en el retorno de las entradas analógicas por ejemplo.
pow(base, exponente)	Retorna la base elevada al exponente.
sqrt(X)	Raíz cuadrada.
double sin(float)	Seno, el parámetro en radianes.
double cos(float)	Coseno, el parámetro en radianes.
double tan(float)	Tangente, el parámetro en radianes.
floor(float)	Redondea un flotante a entero hacia abajo
ceil(f)	Redondea hacia arriba.

Las funciones trigonométricas reciben el angulo en radianes, como normalmente nos interesa tener grados, lo mejor es tener la formula para convertir grados a radianes a mano.

```
AnguloRadianes = anguloGrados *  PI /180
```

Tabla I: Funciones aleatorias

Funcion	Descripción
random(max)	Retorna un numero aleatorio.
random(min, max)	Numero aleatorio entre el rango marcado.
randomSeed(semilla)	Genera la semilla para la función random

Tabla J: Funciones de bits y bytes

Funcion	Descripción
word(x)	Convierte el parámetro a tipo word.
word(Significativo, menos significativo)	Retorna un word formado por la parte más significativa y menos significativa.

boolean bitRead(x,pos)	Retorna el bit de la posición indicada del valor x.
bitWrite(x,pos,bit)	Pone el bit indicado en la posición 'pos' de la variable x.
bitSet(x,pos)	Pone un 1 en la posición uno de la variable x.
bitClear(x,pos)	Pone un 0.

Tabla K: Funciones de manejo de caracteres

Funcion	Descripción
isAlphaNumeric (c)	Indica si el carácter es alfanumérico, retornando true o false.
isWhitespace(c)	Si es un espacio en blanco.
isControl(c)	Si es un carácter de control.
isDigit(c)	Si es un dígito.
isGraph(c)	Si es un carácter imprimible.
isLowerCase(c)	Si es minúscula.
isUpperCase (c)	Si es mayúscula.
isPunct(c)	Si es un signo de puntuación.
isHexadecimalDigit(c)	Si es un dígito hexadecimal (0,1,2,3,4,5,6,7,8,9,A,B,C,D,E,F)

4.3.4 Array y cadenas de caracteres

Un array (también llamados matrices) es un conjunto de datos de un tipo a los que se accede con un índice que va de '0' hasta el tamaño del array menos uno.

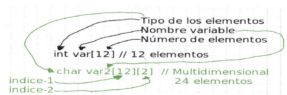

Fig. 10: Definición de array

Los array no tienen porque ser de una sola dimensión sino que puede tener 2, 3 o las dimensiones que deseemos.

```
int unArray[4]; // Array de 4 valores enteros es decir irán del 0-3
char caracteres[4][2]; // De caracteres y tendrán 8 valores.
```

```
int a[4] = {1,20,300,400} // Inicia un array.
a[2]     Valdrá 20
a[2] = 99  // Pasara a valer 99

caracteres[2][1] = 'A';
```

Tenemos que recordar que el indice siempre empieza en '0' por lo tanto el elemento mayor sera *dimensión-1*.

Adelantándonos un poco a los punteros (5.2 Punteros) interesa saber que la variable array sin los corchetes es la dirección a la primera posición del array.

```
int a[4] = {11,22,33,44}; // Declaración del array.
int *p;  // Puntero a entero.
p = a; // p tendrá la dirección de inicio al array a, y contiene 11.

Serial.print(*p); // imprimirá un 11 que es el valor de a[0].
p++; // Ahora apuntamos a a[1]. OJO con esto que podemos perder el control.
```

Esto debemos tenerlo muy claro pues los arrays se pasan a las funciones como la dirección al primer elemento del array, es decir que son parámetros por referencia.

```
f1(a); // Pasamos el array a cuyo contenido es {11,22,33,44}
void f1(int *p) { a = p[2]; } // a contendrá 33.
```

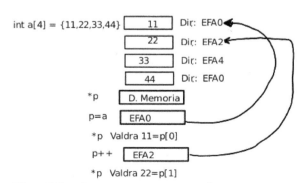

Fig. 11: Array en memoria

4.3.5 String (Cadena de caracteres)

Las cadenas de caracteres '*String*' es un array de caracteres y el ultimo valor es un cero '\0' también llamado *null* para indicar el final de la cadena.

Los caracteres los definimos con simples comillas ('a') y una cadena con dobles comillas ("Prueba") para que no tengamos dudas cuando la cadena sea de un solo carácter.

```
String c1 = "Hola";
String c2 = String("Otra forma");
c2 = c1 + " Tito"; // c2 contendrá "Hola Tito";
```

Tenemos diversas funciones, métodos al tratarse de una clase, que podemos usar con las cadenas, ya que *String* es una clase y lo que definimos son objetos, profundizaremos más sobre las clases y objetos en el apartado 5.4 Clases y Objetos.

```
String c = "Cadena de prueba";
String d = "";
int a;

a = c.indexOf('a');  // a sera 1 posición de la primera 'a' que encuentra.
a = c.indexOf('n');  // a sera 4 posición de la primera 'n' que encuentra.
a = c.lastIndexOf('e');  // a sera 13 posición de la ultima 'e' que encuentra.

c = " HOLA \n";
a = c.length();  // a sera 7 longitud de la cadena.
d = c.trim();  // d sera "HOLA" limpia principio y fin de espacios, etc.
c = d.toLowerCase(); // c se convierte en "hola" minusculas.
c = d.toUpperCase(); // c se convierte en "HOLA" mayusculas.

d.replace('H','P'); // Remplaza la H por la P. "POLA"
```

La llamada a los métodos los realizamos por la notación punto que es sencillamente "*variableString.Metodo()*"

Tabla L: Métodos String

Funcion	Descripción
charAt(c)	Posición del carácter indicado.
setCharAt(i,c)	Pone el carácter c en la posición i. Similar a Cadena[i] = c;
endsWith(S2)	Mira si la cadena finaliza con la cadena indicada en el parámetro.
compareTo(S2)	Compara el String con la cadena pasada como paramento.
concat(S2)	Retorna un String que concatena ambos.
equals(S2)	Dara cierto si las cadenas son exactamente iguales.
equalsIgnoreCase(S2)	Compara las dos cadenas ignorando mayusculas y minusculas
getBytes(byte b[],i)	copia a b i caracteres.
indexOf(c)	busca la primera ocurrencia c, retornara -1 si no la encuentra.
lastIndexOf(c)	ultima ocurrencia c, es como indexOf pero la búsqueda la inicia desde el final.
length()	Longitud de la cadena.
toInt()	Convierte a entero.
toFloat()	Convierte a flotante.
toLowerCase()	Convierte a minúscula.
toUpperCase()	Convierte a mayúsculas.
remove(i)	Elimina el carácter de la posición i.
remove(i, n)	Elimina n caracteres desde la posición i.
replace(A,B)	Remplaza la cadena A por B.
substring(i)	Nos da un subconjunto del string desde la posición i hasta el final.
substring(i, f)	Subconjunto desde la posición i hasta la posición f.
toCharArray(buffer, l)	Copia en buffer tantos caracteres como los indicados en l.
Trim()	Quita los espacios en blanco.

4.4   Ejercicios programación básica

Estos son unos ejercicios propuestos, para afianzar los conocimientos explicados, pero la recomendación es que te plantees tus propios retos viendo los resultados por consola así cuando lleguemos a la parte de programación mas especifica de nuestro Arduino/ESP32 con elementos externos nos sera más sencillo compréndelo.

1.- Escribe y ejecuta el programa **HolaAmigo** descrito en 4.1 Mi primer programa esto nos ayudara a conocer el entorno de desarrollo y así poder seguir con los siguientes ejercicios.

2.- Crea un programa con dos variables, una 'a' y otra 'b' y valores distintos y realiza un código que pase el valor de la variable 'b' a la variable 'a' y al revés, sin poner directamente el valor eso seria trampa ya que en un programa real desconoceríamos el contenido de ellas.

Como **ayuda** y antes de que mires la solución, toma un vaso con agua, otro con vino y uno vació y pasa el vino donde el agua y el agua donde el vino.

3. Utiliza y prueba la función *sizeof()* para ver el tamaño de memoria de las variables.

4.- Crea un programa que permita ver la visibilidad de las variables globales, locales y estáticas y su comportamiento.

Prueba a llamar una global igual que una local para ver que tiene prioridad la variable local.

5.- Realiza un programa que nos muestre la tabla de multiplicar del 7 (usando un *for*) y ademas la tabla de multiplicar del 3 pero esta vez con un *while*.

8.- Realiza una función que pasándole un entero nos de la tabla de multiplicar de ese numero.

9.- Realiza un función que nos pase de grados a radianes y hacer que el programa nos de los senos y cosenos de 0-360 grados pero de 45 en 45 grados.

10.- Realiza un programa con un array de caracteres y una cadena con los mismos caracteres y mira la diferencia que nos da sizeof()

5 *PROGRAMACIÓN AVANZADA*

En este capitulo terminaremos de explicar algunas de las características del lenguaje, algo más avanzadas, y que interesa conocer una vez tengamos afianzados los conocimientos anteriores.

5.1 Tipos de datos avanzados

Ademas de los tipos de variables explicadas anteriormente podemos definir nuestros tipos, que nos ayudaran en el desarrollo de nuestro código y la claridad de este.

5.1.1 Enumerado *"enum"*

Un enumerado es un tipo especial de datos, en realidad es un tipo entero, que permite asignar nombres a los elementos de una lista.

El programador define nombres a los valores enteros para luego poder referirse a ellos con el nombre.

```
enum Estado
{
   Apagado = 0,
   Encendido = 1,
   Averiado  =99
}

// Declaración de la variables
Estado valor;
valor = Encendido;   // Seria como poner uno a valor.


enum DiasSemana
{
   Lunes, Martes, Miércoles, Jueves, Viernes, Sábado, Domingo
}
```

Si no definimos el tipo de valor entero se asignarían del 0 en adelante sumando uno a cada valor, en el ejemplo anterior seria como si se hubiera definido: Lunes=0, Miércoles=2 y Domingo=6.

5.1.2 Estructuras *"struct"*

Una estructura (*struct*) es un conjunto de datos agrupados que forman una entidad lógica, seria como un registro de base de datos en el cual por ejemplo una estructura persona se podría formar con: nombre, edad, sexo, etc.

```
struct Sensor
{
    string nombre ;
    int pinE ; // Pin de entrada
    int pinS ; // pin de salida
} s1;

s1.nombre = "El primer sensor";
s1.pinE = 12;
s1.pinS = 9;
```

Como podemos ver creamos la variable '*s1*' y desde esta podemos acceder a cualquiera de sus valores agrupados en la estructura, seria similar a un registro de base de datos. El acceso a cada uno de los datos de la estructura lo realizamos con la notación punto "*variable.dato*" salvo cuando trabajemos con punteros que se accederá con la notación "→" , el tema de los punteros se vera más adelante.

```
struct Sensor *s2;
s1->nombre = "El primer sensor";
s1->pinE = 12;
s1->pinS = 9;
```

Las estructuras nos permiten organizar mejor nuestro código, tanto es así que las estructuras dieron lugar a las clases que es una estructura que no solo tiene datos sino también cuenta con funciones (métodos) que tratan a esos datos.

5.1.3 Uniones *"union"*

Es un tipo especial de dato y consiste en una declaración de datos de tipos diferentes localizados en la misma posición de memoria.

```
union Datos {
   int i;
   float f;
   char str[20];
} ;
union Datos dato;  // Un sizeof de este tipo dará la mayor longitud.

dato.i = 10;
dato.f = 220.5; // Esta instrucción alteraría el valor de i pues introduce 220.5 en la
misma posición.
```

El espacio que se asignara de memoria a la unión sera el espacio de tipo que requiera mayor espacio, en el ejemplo serian 20 bytes de la definición *"char str[20]"*.

Podríamos utilizar *union* para ver como se almacena las variables enteras y flotantes en la memoria por ejemplo.

```
union Entero
{
   int i;
   byte b[2];
};

union Entero e1,e2,e3;

e1.i=12;
e2.i=1000;
Serial.print("Numero1: "+String(e1.i)+ " ");
Serial.print(e1.b[0],HEX);
Serial.print(" ");
Serial.println(e1.b[1],HEX);

Serial.print("Numero2: "+String(e2.i)+ " ");
Serial.print(e2.b[0],HEX);
Serial.print(" ");
Serial.println(e2.b[1],HEX);
   Serial.print("Numero3: "+String(e3.i)+
```

5.1.4 Declaración de tipos *"typedef"*

El lenguaje nos permite definir un nuevo tipo de variable, aunque de forma limitada, utilizando *"typedef"* y se suele usar mucho en estructuras.

Fig. 12: Definición de tipo

```
typedef int ENTERO;

typedef struct
{
    char nom[20];
    int edad;
} persona;

persona p1,p2;   // Creamos la persona p1 y p2

P1.edad = 92;    // Asignamos a la persona 1 'p1' la edad de 92 años.


struct puntos
{
    int X ;
    int Y ;
} ;

typedef struct puntos coordenada;

coordenada m1;
m1.x=12
```

Lo normal sera usarlo en conjunto con las estructuras, uniones y enumerados.

Un uso típico es definir tipos *puntero a función*, tema que trataremos en el apartado 5.2.2 Punteros a funciones, y que nos permitirá como veremos más adelante el uso de funciones CallBack utilizadas por ejemplo en las capturas de eventos.

```
// Primero declaramos un tipo enumerado, con los posible errores que podrá devolver
nuestra función.
typedef enum
{
    CAM_OK = 0,

    CAM_Captura = 0x100,    // Error al capturar cámara

} ErrorCamara;

// Definimos el tipo "pfmia" que es un puntero a función con un parámetro entero y otro
char) y que retorna un tipo definido por nosotros que es "ErrorCamara"
ErrorCamara (*pfmia)(int, char);


// Uso del tipo puntero a función que hemos definido se usaría de la misma forma que
cualquier tipo. Se hablara más de ello al tratar los punteros a función.

typedef void unafuncion(int, pfmia);    // Por ejemplo.
```

Los principales motivos por los que utilizaremos *typedef* son:

1. Poder parametrizar un programa evitando problemas de portabilidad.

2. Facilitar la legibilidad de los programas.

5.2 Punteros

Las variables se almacenan en una dirección de memoria y un puntero es una variable que contiene una dirección de memoria a una variable.

Las operaciones que nos permitirá un puntero con una variable son:

- Operador '*' para obtener el valor de una variable a la que apunta el puntero.

- Operador '&' que se llama *operador de referencia,* que ya vimos en el paso por referencia de las funciones, y que nos dará la dirección de la variable o de una función.

- Declaración de un puntero *tipo *v_puntero*

```
int a = 3
int *Pc  // Es una variable tipo puntero que tendrá una direcciones de memoria.
Pc = &a  // En Pc se almacena la dirección donde se guarda el valor de 'a'
*Pc=7    // Cambia el valor de la dirección Pc, que es a, así que 'a' valdrá 7
```

Los punteros son muy útiles para poder pasar parámetros por referencia, como vimos en las funciones, pero también pueden contener direcciones a funciones, permitiendo la creación de funciones *"CallBack"* que nos permitirán capturar eventos y trataremos en 5.2.2 Punteros a funciones.

El uso de punteros puede ser peligroso, aunque no debemos tenerles miedo solo ser cuidadosos, por eso ponemos a continuación las que en principio son las únicas operaciones que deberíamos usar.

Tabla M: Operaciones con punteros

Operación	Descripción
Tipo *Vpuntero;	Declaración de una variable puntero de un determinado tipo.
Vpuntero++	Se incrementa la dirección como el tamaño de la variable apuntada.
Vpuntero--	Se decrementa la dirección como el tamaño de la variable apuntada.
Vpuntero = &i	Se asigna *Vpuntero* a la dirección de la variable i.
x = *Vpuntero	Asignamos a *x* el contenido de la dirección a la que apunta *Vpuntero*.

En ningún caso debemos asignar una dirección directamente a una variable puntero pues en principio no sabríamos donde apuntamos y corrompería nuestro programa.

Exagerando muy poco podemos decir que todo es un puntero, podemos realizar muchas cosas con ellos dándole gran potencia al lenguaje como veremos más adelante.

5.2.1 Variables puntero

Si queremos tener una variable que contenga estas direcciones no tendremos más que se definir una variable tipo puntero.

```
int *a;    // Declaración de un puntero a un entero
float *b   // Puntero a un flotante

int c=12;
a= &c;  // 'a' Contiene la dirección de la variable entera 'c'.
*a = 87;   // 'c' pasa a tener el valor 87, ya que indicamos que ponga 87 en
           // la dirección de memoria que indica 'a' que es el lugar donde se
           // almacena 'c'

// OJO a = 9 hace que se apunte a la dirección 9, esto es el típico error que no
destroza un programa.

sizeof(c) // tamaño que ocupa la variable 'c' que es un entero.
```

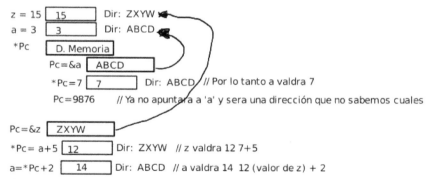

Fig. 13: Funcionamiento de los punteros

Como se ve en el código si el operador '&' es la dirección, el operador '*' representa el contenido.

5.2.2 Punteros a funciones

Otro uso de los punteros es los **punteros a funciones** que nos servirán para realizar las llamadas funciones *"CallBack"* que se utilizan entre otras cosas en las capturas de eventos.

Un puntero a función define un valor (es decir la variable puntero a función) cuya dirección apunta a una función y no a una variable.

Esto nos permite dar mucho dinamismo y se utiliza muchas veces en tablas de decisión.

```
int f1(void);
int f2(void);
void f11(int);
void f12(int);

int (*g)();    // Puntero a una función que no tiene parámetros y retorna un entero.
g = f1;
(*g)();   // Llamaría a f1
g = f2;
*g)();   // Llamaría a f2

int (g1)(int)   // Puntero a función retorna un entero y recibe como parámetro un entero
g1=f12;
(*g1)(8);   // Llamaría a f12 con el valor del parámetro 8.
```

Podemos tener una función que realice tareas de forma dinámica según la función que se pase.

```
// Definimos el tipo "pfmia" que es un puntero a función con un parámetro entero
typedef int (*pfmia)(int);


int operacion(int x, pfmia funcion)
{
    // La operación a realizar dependerá de la función que definamos
    función(x);
}
// Podremos definir funciones con el prototipo de pfmia, ejemplo
int suma(int s) { …}
int resta(int r) { ….}

// Y según se llame a operación realizara una suma o una resta de algo.
operacion(x,suma);    // Operación ejecutara suma
operacion(x,resta);    // operación ejecutara resta
```

5.2.3 Tipo "void *" o puntero genérico

Es un tipo de dato especial que se refiere a cualquier cosa, en realidad es un puntero a cualquier tipo, y comentamos los usos más comunes.

Cuando desconocemos el tipo de dato del puntero que se devuelve, como pasa con la función "void *malloc" para la reserva de memoria.

```
// Para reservar 1929 bytes
byte *ptr = (byte*)malloc(1929); // Al llegar se convierte en un puntero a byte

// No debemos olvidar liberar esta memoria una vez ha sido utilizada, con free.
free(ptr);
```

También se puede utilizar en un parámetro, por ejemplo funciones tipo CallBack, o punteros a funciones, que deseemos tener un parámetro extra sin saber que tipo o cuantos tenemos un número de parámetros variables como pasa en la función "printf".

5.3   Directivas de precompilador

Estas directivas son sentencias que tienen como prefijo la almohadilla '#' y se ejecutan antes de compilar, *precompilador*, por lo que no son instrucciones que se ejecutan en tiempo de ejecución sino que modifican el código antes de compilarlo y tienen los siguientes objetivos:

- Inserción de ficheros de texto "*#include*"

- Sustitución de símbolos "*#define*"

- Compilación condicional *"#if #ifdef #ifndef #else #endif"*

5.3.1 Inclusión de texto #include

Incluye el contenido de un fichero externo, que normalmente tendrá la definición de las funciones de las librerías a utilizar.

```
#include <fichero.h> Lo busca en el directorio de librería.
#include "fichero.h" Lo busca en el directorio actual, se puede definir una ruta
completa.
```

Podemos ver que la única diferencia de usar dobles comillas ("") o (<>) es el como realizara la búsqueda del archivo, lo normal es usar '<>' para las librerías instaladas y ' "" ' para nuestros archivos que estarán en una ruta debajo de donde se encuentra nuestro archivo ".ino".

5.3.2 Sustitución de símbolos '#define"

Nos permite sustituir un símbolo por otro, muy utilizado para declarar constantes.

```
#define LED1  12    // Cuando se encuentre LED1 lo cambiara por 12

Serial.print(LED1)   // Se cambiara a Serial.print(12)
```

Un uso especial de la sustitución de los símbolos es la utilización de este con argumentos, y que llamaremos **MACRO**, deberemos tener cuidado con su uso pues aunque parece que es una función ni mucho menos ya que cada *MACRO* genera ese código tantas veces como aparezca y no una llamada que ocupa, esto implica que ocupa mucha más memoria que una llamada a función.

Su uso puede estar justificado para ganar velocidad ya que al generarse el código cada vez que se indica no se produce la llamada a la función y el retorno estas ahorrando ciclos de CPU a consta de ocupar más memoria.

```
#define RESTA(X,Y)   (X)-(Y)
k=RESTA(2,6);   // Antes de compilar la linea quedaría k=(2)-(6);
```

Como siempre debemos usar estas sentencias con cabeza y teniendo muy claro porque las usamos ademas que estas sustituciones pueden confundir la comprensión del código a otros programadores.

5.3.3 Compilación condicional

Estas sentencias nos permitirá compilaciones condicionales, es decir incluir o excluir texto de un programa, y las utilizaremos mucho cuando creemos nuestros programas compatibles Arduino/ESP32 en aquellas acciones, no muchas, que se programan de forma distinta.

```
#ifdef ESP32
    // Código que se genera cuando compilamos para ESP32
    Serial.begin(115200);
#else
    // Código que se genera cuando se compila para un Arduino
    Serial.begin(9600);
#endif

#if SIMBOLO == 1
    Código cuando hemos definido SIMBOLO como 1.
#endif
```

- **#ifdef <simbolo>** Incluirá el código si ese símbolo esta definido.

- **#ifndef <simbolo>** Cuando no este definido el símbolo

- **#undef <simbolo>** Deja de definir el símbolo

- **#if defined(<simbolo>)** como #ifdef

- **#if #else #endif** Con condición

5.4   Clases y Objetos

Una clase es una forma de empaquetar datos y funcionalidad en una unidad, cuando creamos una clase creamos un nuevo tipo de datos que es como una estructura que ademas de datos (*propiedades o atributos*) también cuenta con funciones (**métodos**) y ambos podrán ser privados o públicos.

La clase es la definición y cuando la definimos a una variable lo que creamos es un objeto del tipo de la clase definida.

Cuando creamos una clase estamos creando un nuevo tipo de datos y a sus variables las llamaremos objetos, de forma que cada uno de ellos mantendrán sus propiedades. El acceso a estas *propiedades* se podrá realizar directamente si son de carácter publico o mediante *métodos* públicos. Al definir las clases podremos definir también un *constructor* de esta que definirá las sentencias que se ejecutaran al crear un objeto, a su vez podremos tener un *destructor* que se ejecuta al borrar ese objeto y normalmente se definen para liberar memoria y recursos que ya no serán necesarios.

Un *constructor* se define como un método con el propio nombre de la clase, se pueden definir diferentes constructores de una clase según con los parámetros que se llamen. Los destructores se definen con el nombre de la clase precedido de "~" y en este caso solo puede existir uno y sin parámetros.

Los niveles de acceso a los miembros de la clase, ya sean propiedad o métodos pueden ser:

- **Publica** (*public*) y se accede ella en cualquier momento mediante la notación punto, como vimos en las estructuras.

- **Privada** (*private*) a las que solo se podrá acceder a ella desde dentro de su clase.

Como norma de estilo los métodos públicos de acceso a propiedades privadas de la clase se nombran:

- *set_ <var>* para cambiar el valor

- *get_ <var>* para el acceso a su valor.

La definición de una clase y su uso es muy sencilla.

```
//    Declaración de la clase que se incluiría en el fichero .h
class MiClase      // Declaración clase MiClase
{
    private:
        int a; // atributo a que solo se accede desde el objeto.

    public:
        MiClase();    // Es el constructor que se llama a el al crear un objeto.
        void f1(int);
        int get_a();
} ;
```

```
//Definiciones de los métodos y constructores y estarían en el fichero .cpp
MiClase::MiClase(int valor) { a = valor; }  //CONSTRUCTOR asigna a la variable privada.
MiClase::~MiClase() { ; }   // DESTRUCTOR que no realiza nada

void MiClase::f1(int i){  a = a + i }
int MiClase::get_a(){ return a; }


// Instanciación y uso de las clases.
MiClase  oa = new MiClase();  // Creamos el objeto oa
MiClase ob();   // Creamos el objeto ob

serial.println(oa.get_a());   // Imprimirá 9 que es el valor de a
oa.f1(20);
ob.f1(1);
serial.println(oa.get_a());   // Imprime 29 que es la suma de 20 realizada por f1 en oa.
serial.println(ob.get_a());   // Imprime 10 que es la suma de 1 realizada por f1 en ob.
```

Otra de las características que tiene las clases es la herencia y consiste en crear otra clase con las características de su padre a la que le añadimos nuevas características, ya sean propiedades o métodos sin necesidad de volver a escribir las características que se heredan.

```
//   Declaración de la clase que se incluiría en el fichero .h
class Hija:public Padre     // Nueva clase hereda las características de MiClase
{
    public:
        void f2(int);
} ;

// Definición nuevo método
void MiClase::f2(int i){  a = a * i }


// Instanciación y uso de las clases.
Hija ob();

serial.println(oc.get_a());  // Imprimirá 9 que es el valor de a
oc.f1(3);      // la variable privada a pasara a valer 9+3 = 12
oc.f2(10);      // la variable privada a pasara a valer 12*10 = 120
serial.println(oc.get_a());  // Imprime 120.
```

Con esto ya tenemos una base sobre la que poder trabajar, las clases y programación orientada a objetos nos daría para escribir un libro ya que tendríamos las clases abstractas, interfaz, sobrecarga de operadores, tipos de herencias, etc. pero tampoco nos conviene abusar de ello pues el consumo de memoria es mayor que en una programación normal y tanto el Arduino como el ESP32 tiene recursos limitados en este aspecto.

5.5   Ejercicios programación avanzadas

1. Tenemos la siguiente estructura

struct fecha {

   int dia;

   int mes;

   int anyo;

   char nom_mes[4]

   ;

Declara un variable *'cumple'* de tipo estructura fecha y a la vez se inicialice con 28 de Sep de 1966.

struct fecha cumple = {28,9,1966, "Sep"};

2. Teniendo la variable anterior *'cumple'* cambia el año por 2023.

cumple.anyo = 2023;

3. Crea un tipo llamado *"semana"* que pueda tomar los valores: Lun, Mar, Mie, Jue, Vie, Sab, Dom. Y el valor entero de estos serán: 10, 20, 30, 40, 50,61 y 71.

typedef enum

{

   Lun = 10,

   Mar = 20,

   Mie = 30,

   Jue = 40,

   Vie = 50,

Sab = 61,

Dom= 71

} semana;

4. Definir un tipo variable que contenga el tamaño de un triangulo y la llamamos *"triangulo"*

struct triangulo

{

    double base, altura;

};

5. Usando el tipo anterior crear una función que retorne el área del triangulo y la llamamos "area".

              double area (triangulo t) { return (t.base * t.altura) / 2; }

6. Encapsula la estructura y la función "area" anteriores en una clase.

classs triangulo

{

  public:

      void set_base(double) ;

      void set_altura(double) ;

      double area();

  private:

      double base, altura;

};

void triangulo::set_base(double b) { base = b;}};

void triangulo::set_altura(double a) { altura = a;}};

double triangulo::area() {return (base * altura) / 2;};

7. Definir un nuevo tipo "PFI" que sea un apuntador a una función que retorne un entero y como parámetros tenga un flotante y un puntero genérico.

```
typedef int (*PFI)(int, void *)
```

8. Que valores tendrán 'a' y 'b' después de ejecutar este código si *p se inicio con "Hola" y ademas que lineas añadirías si quieres que la ultima 'a' se cambie por una 'A'

a = *p;

p++; p++;

b=*p;

'a' tendrá 'H' y la 'b' tendrá 'l'

p++; p++; *p='A';

9. Sabiendo que un entero (*int*) ocupa dos bytes, como podemos saber de forma sencilla, y utilizando '*union*' en que dos bytes se convierte por ejemplo el '*723*'

```
union  descompone {
        int entero;
        byte b[2];
        }  variable;
variable.entero = 723;
variable.b[0];    // Primer byte.
Variable.b[1];    // Segundo byte
```

6   *LIBRERÍAS*

Una librería es un código que podemos incorporar a nuestro programas y que nos aporta nuevas funcionalidades como funciones para usar de forma abstracta los sensores de nuestros proyectos, en muchos casos esas librerías incorporan clases que permiten el uso de esos sensores y actuadores externos.

Un ejemplo de librería puede ser para usar motores paso-a-paso, que nos permite abstraernos de como debemos activar el motor y solo decimos que queremos que haga el motor.

En el caso de que no sea una librería estándar y la hayamos descargado de algún sitio, la cargaríamos en la opción *"Sketch→incluir biblioteca->añadir biblioteca ZIP"* y esta se descomprimirá de forma automática en nuestro directorio de librerías.

También podemos cargar otras librerías, que dispone el Arduino por defecto desde *"Herramientas->Gestionar Librerías"* que nos permite ver si están o no instaladas, en que versión y si existen actualizaciones de estas y así instalarlas, borrarlas o actualizarlas.

6.1   Creando nuestras propias librerías

Podemos crear nuestras funciones o clases y añadirlas en una librería que podremos utilizar en nuestros proyectos, con solo cargarlas cuando lo requiera nuestro proyecto.

Nuestra librería sera un fichero "*.zip*" con la siguiente estructura y ficheros.

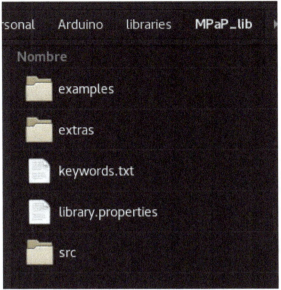

Fig. 14: Estructura de una librería

- Directorio "**examples**" con los ejemplos de uso de nuestra librería y los podremos cargar de la misma forma que los ejemplos originales de Arduino desde la opción "*Archivo→Ejemplos*" de forma que nos cargara los ficheros ".ino". Este directorio no es obligatorio pero es una buena forma de tener una ayuda de como usar nuestra librería.

- Directorio "***extras***" donde tendremos ficheros no necesarios para la librería pero si que pueden aportar información como puede ser un esquema típico de conexión si es que definimos una librería de un sensor, un fichero de histórico de versiones, DataSheet de los componentes que se utilicen por ejemplo y también si queremos el manual de uso, pero ojo no carguemos muchas cosas y hagamos una librería impracticable, yo recomiendo poner el documento de librería por separado.

- Directorio **"*src*"** donde estarán las fuentes de nuestra librería y como mínimo nos encontraremos con dos ficheros, uno con extensión *.cpp* que tendrá el código fuente de nuestra librería y el otro fichero sera extensión *.h* (llamado fichero cabecera) donde estará la declaración de las funciones y clases definidas en nuestro fichero *.cpp* que estará la lógica.

El nombre del fichero cabecera es el que pondremos nuestra clausula *#include<....h>*

El fichero cabecera deberá tener la siguiente estructura.

```
#ifndef NOMBRE_LIB_H
#define NOMBRE_LIB_H
….
Código de nuestra librería NOMBRE_LIB
….
#endif
```

Esto evitara que carguemos varias veces la librería en un proyecto, *"NOMBRE_LIB"* sera el nombre de nuestra librería que suele ser igual al nombre del fichero cabecera.

- Fichero **"keywords.txt"** Tiene las palabras claves que serán resaltadas, en distintos colores, al escribir el código.

  ○ **KEYWORD1**: Para los tipos de datos.

  ○ **KEYWORD2**: Para métodos públicos de las clases y funciones.

  ○ **KEYWORD3**: Instancias

  ○ **LITERAL1**: Las constantes (#define)

- Fichero "**library.properties**" Este fichero describe la librería, y el formato es "Clave=Valor".

```
name=MPaP
version=1.0.1
author=Fco. Javier Rodriguez Navarro
maintainer=Javier <webmaster@pinguytaz.net>
sentence=Gestión de motores paso a paso unipolares
paragraph=Librería para la utilización de motores paso a paso UNIPOLARES, con
solo indicar los pines de conexión podremos avanzar tanto por pasos como por
ángulos.
category=Device Control
url=http://www.pinguytaz.net/index.php/liberia-mpap/
architectures=*
```

- *name*: El nombre de la librería.

- *version*: Versión.

- *author*: Autor de la librería, si existen varios se separan por comas.

- *maintainer*: Nombre y mail del que mantiene la librería.

- *sentence*: Frase que describe la librería.

- *paragraph*: Descripción larga de la librería, aparece después de sentence sin negrita.

- *category*: Categoría a la que pertenece la librería, nos permitirá filtrar en el gestor de librerías y los valores posibles son: Display, Communication, Signal, Input/Output, Sensors, Device Control, Timing, Data Storage, Data Processing, Other.

- *url*: La URL del proyecto.

- *architectures*: Arquitecturas soportadas, separadas por coma. Un asterisco (*) para todas las arquitecturas.

- *depends* Librerías necesarias para el correcto funcionamiento.

Se puede complementar esta información en:

https://arduino.github.io/arduino-cli/1.3/library-specification/

7 *ENTRADAS Y SALIDAS*

Una vez que hemos aprendido a programar, comenzamos a estudiar las características de nuestras placas con las entradas y salidas de nuestro que nos permitirá interactuar con el mundo exterior.

Las entradas y salidas pueden ser digitales, las más normales y estas tienen un valor de 1 o alto cuando el voltaje es positivo y 0 o bajo si es a masa. Debemos tener claro que las entradas/salidas digitales del Arduino UNO son a 5 voltios y las de los ESP32, al menos en la placa descrita en este libro pues otras placas podrían poner convertidores, son de 3,3 Voltios.

El otro tipo de entradas son las analógicas en las que metemos un voltaje, el rango dependerá de la placa, y el micro lo convierte a binario para que nuestro programa lo pueda tratar correctamente. También podemos tener salidas analógicas que es la inversa de la anterior y un valor enviado por el microprocesador lo convierte a un rango de voltaje.

Solo tenemos este tipo de interfaz con el exterior, aunque podemos oír hablar de pines PWM pero esto no son más que una salida digital que mediante modulación de pulsos simulan una salida analógica pero como veremos no es exactamente igual.

7.1   E/S Digitales

Las salidas y entradas digitales, son aquellos pines que darán
LOW=0 (0V) o HIGH=1 (depende del modelo pero suelen ser 5V o
3,3V) y una corriente que depende del modelo. Los típicos en
Arduino son 40 mA, se recomienda realizar los cálculos con 20mA
por PIN y en el ESP32 tendrán un voltaje de 3,3V y una corriente de
12mA y el total de todos los pines no debe consumir más de
1.200mA.

Antes de usar estos pines deberemos indicar si van a ser entrada o
de salida.

```
pinMode(13,OUTPUT);  // Pone el PIN13 digital como salida.
pinMode(5,INPUT); // Pone el PIN5 digital como entrada.
```

Si necesitamos más E/S digitales podemos usar circuitos
auxiliares como el PCF8574 o PCF8575, que son un expansor de
entradas y salidas digitales controladas mediante un bus I2C.

Fig. 15: Pines Digitales Arduino

Hemos visto que nuestro *Arduino* y *ESP32* trabajan con distintos
niveles de tensión, uno a 5V y el otro a 3,3V, y esto mismo pasa con
los distintos dispositivos digitales con los que trabajaremos, para
esto deberemos emplear *"level shifter"* que son adaptadores de

nivel. Esto lo podremos realizar manualmente con un sencillo transistor o utilizar módulos comerciales bidireccionales.

El Arduino UNO cuenta con 13 pines de entradas y salidas digitales, algunos podrán usarse como salidas PWM que se ve en el apartado 7.3 PWM , y están muy bien señalizados con la palabra "DIGITAL" en la placa, como se ve en la figura 15 (Pines Digitales Arduino) anterior.

En el ESP32 es algo más complejo, en este caso hablamos de GPIOs, ya que un mismo GPIO puede tener varias funciones. Aunque en principio tendríamos 39 GPIOs disponibles para entradas/salidas digitales no todas son convenientes utilizarlas por tener funciones especiales. Podemos ver las funciones de las GPIOs en la figura Error: no se encontró el origen de la referencia (Error: no se encontró el origen de la referencia) que vimos al hablar del ESP32.

Tabla N: GPIOs Digitales

GPIO E/S Digitales	Observaciones
GPIO 13	Como entrada y salida digital
GPIO 16 – GPIO 33	Como entrada y salida digital
GPIO 34 – GPIO 36	Solo como Entrada Digital (no podrá usarse como PWM)
GPIO 39	Solo como Entrada Digital (no podrá usarse como PWM)

Las funciones especiales dependen en muchos casos de la placa de desarrollo que utilicemos, nosotros hemos definido como seguros para la placa objeto de este libro.

7.1.1 Salidas digitales

La salida digital se activa o desactiva con el siguiente comando.

```
digitalWrite(13 , HIGH); // Pone a ALTO el PIN13 (5V o 3,3V según modelo)
digitalWrite(13 , LOW);  // Pone a BAJO el PIN13 (0V)
```

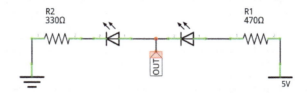

Fig. 16: Esquema uso Salida Digital

Podemos ver el significado de los símbolos del diagrama de la figura anterior en el capitulo 12 Anexo-1 "Electrónica" para su correcta interpretación.

Esta conexión con dos LED, permite que uno encienda y otro apague, con solo una salida digital, ese LED puede ser cualquier otro dispositivo que se active con un sencillo voltaje de 5V y hasta 20mA.

Si el dispositivo a activar o desactivar necesita más corriente o tensión deberemos apoyarnos en transistores, relés u otros dispositivos como los que se pueden ver en el apartado 13.4.1 Alimentación de los Motores.

7.1.2 Entradas digitales

La entrada digital se activa con 5V o 3,3V según modelos.

```
int Resultado = digitalRead(13); // Lee el valor del pin digital 13
```

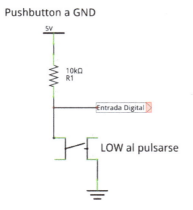

Fig. 17: Low al pulsar

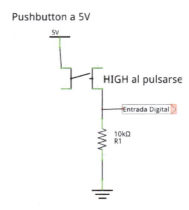

Fig. 18: HIGH al pulsar

Debemos tener en cuenta que una entrada abierta sin más nos puede dar valores aleatorios al estar en alta impedancia, para evitar esto en los botones utilizaremos una resistencia de 10K al positivo "pullup" o una resistencia a masa "pulldown".

Se puede conectar directamente pero en este caso deberemos configurar el pin a "INPUT_PULLUP" para usar la resistencia interna. Normalmente pondremos nosotros la resistencia.

Como ejemplo modificaremos el anterior para que en este caso el cambio de los led sea por pulsación de un botón (PullUp, *LOW* al pulsar) en lugar de por tiempo.

Tenemos un **primer ejemplo** de entradas/salidas digitales y salidas a base de leds y un pulsador que nos permite alternar la secuencia de estos.

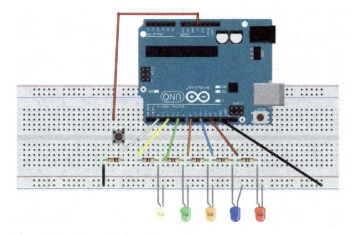

Fig. 19: Montaje circuito

Podemos ver el ejemplo *Ej_Digitales* que pulsando un botón va pasando por los LEDs, probando así entradas y salidas digitales.

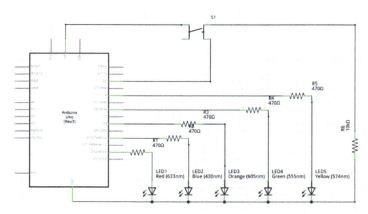

Fig. 20: Esquema

7.1.3 Codificando para ambas plataformas

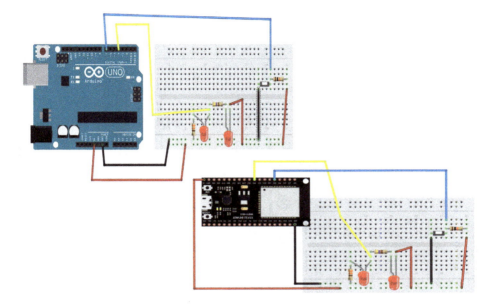

El código solo para una plataforma, por ejemplo Arduino seria el siguiente.

```
#define P_LED 4
#define P_Boton 7

bool cambio=true;

void setup()
{
  Serial.begin(9600); //Preparar Debuger
  pinMode(P_LED, OUTPUT);
  pinMode(P_Boton, INPUT);
}

void loop()
{
  if(digitalRead(P_Boton) == LOW)
  {
    cambio = !cambio;
    Serial.println(cambio);    // Visualiza en consola la variable cambio, así
verificamos que se lee el cambio de botón.
    if(cambio) digitalWrite(P_LED,HIGH);
    else digitalWrite(P_LED,LOW);
    delay(500);  // Evitamos rebote
  }
}
```

En este ejemplo podemos ver como se utiliza la consola para tracear el programa y así localizar posibles fallos.

- **Serial.begin(9600)** Definimos el puerto a 9600 baudios.

- **Serial.println("TRAZA")** para imprimir la traza.

Si deseamos que nuestro código sea compatible con ambas plataformas podemos utilizar instrucciones de preprocesador, que nos permitirán definir los pines para la plataforma elegida.

Solo deberemos definir una constante que indique la plataforma (*PLAT_ESP32* y *PLAT_ARDUINO*) y poner los "*#define*" anteriores entre código de preprocesador para que compile el que corresponda según la plataforma.

```
//   Dejar la plataforma para la que va a ser utilizada la Balanza
//#define PLAT_ARDUINO
#define PLAT_ESP32

#if defined(PLAT_ARDUINO)
    #define P_LED 4
    #define P_Boton 7
#else
    #define P_LED 25
    #define P_Boton 34
#endif

// Dentro del setup()
// También cambiaríamos la velocidad del puerto de consola según plataforma
#if defined(PLAT_ARDUINO)
    Serial.begin(9600);
  #else
    Serial.begin(115200);
```

Si dejamos sin comentar la de la plataforma ESP32, como en el ejemplo, usaremos los pines:

- **34** para el Botón, ya que es solo de entrada. En el caso de Arduino usamos el pin **4**.

- **25** para el LED y lo usaremos como salida. En el caso de Arduino usamos el pin **7**.

```
rst:0x1 (POWERON_RESET),boot:0x13 (SPI_FAST_FLASH_BOOT)
configsip: 0, SPIWP:0xee
clk_drv:0x00,q_drv:0x00,d_drv:0x00,cs0_drv:0x00,hd_drv:0x00,wp_drv:0x00
mode:DIO, clock div:1
load:0x3fff0018,len:4
load:0x3fff001c,len:1044
load:0x40078000,len:10124
load:0x40080400,len:5856
entry 0x400806a8
0
1
0
```

Se cambia también la definición del puerto, sino se realiza no pasa nada pero solo obtendríamos la información de nuestras traza y no la de arranque y reset que alguna vez nos puede interesar.

Tenemos el ejemplo completo para multiplataforma en **Ej_DosLeds**.

7.1.4 Interrupciones Hardware (pines digitales)

Algunos pines digitales nos permiten lanzar interrupciones y llamar a una función directamente al activar un PIN concreto por ejemplo.

Antes de comenzar debemos saber que:

- En Arduino UNO solo podremos usar el 2 y 3, en cambió en el ESP32 se puede usar cualquier GPIO.

- Dentro de la función de interrupción no podremos usar *delay()* pues requiere interrupciones para trabajar.

- Dentro de la función de interrupción el valor de la función *Millis()* no se incrementa, al realizar su incremento por interrupciones.

- Los datos serie que se reciben mientras estamos en la función pueden perderse.

- Solo se llama una función de interrupción a la vez, ya que se paralizan el resto de las interrupciones.

Las funciones de tratamiento de interrupción (ISR) deben de ser:

- Cortas y rápidas.

- No usar funciones de tiempo.

- Las lecturas de datos serie pueden perderse.

- Para escribir algo en la consola lo mejor es marcar un FLAG y realizarlo fuera.

- Si usamos variables que deben ser usada dentro y fuera de la función deberá declararse como volatil.

```
// Programación interrupción Arduino.
attachInterrupt(digitalPinToInterrupt(pin), funcionISR, modo);
attachInterrupt(GPIO, ISR, modo);      // Función a utilizar en el ESP32, no recomendada en Arduino.

// Para desactivar  la interrupción
detachInterrupt(digitalPinToInterrupt(pin))
detachInterrupt(GPIO);

// Función de Interrupción ISR
void funcionISR()
void IRAM_ATTR funcionISR()//Para ESP32 y forzar a que la función no se instale en Flash que es más
lenta.
{
    Código a ejecutar, realizarlo lo más corto posible.
}
```

Las funciones que nos permiten tratar las interrupciones son las de la siguiente tabla.

Tabla O: Funciones de tratamiento de Interrupción

Función	Descripción
interrupts()	Vuelve habilitar las interrupciones.
noInterrupts(	Desactiva las interrupciones.
attachInterrupt(pin, ISR, modo)	Define función ISR **pin** que habilita la interrupción **Función ISR** a la que se llamadas Modo en que se habilita la interrupción (ver sig. tabla)
detachInterrupt(pin)	Desactiva una interrupción especifica.

Tabla P: Modos de interrupciones

Interrupción	Descripción
RISING	Paso de nivel bajo a nivel alto.
FALLING	Paso de alto a bajo.
CHANGE	El Pin cambia de valor.
LOW	Cuando el Pin pasa a nivel bajo (LOW)
HIGH	Cuando el Pin pasa a nivel alto (HIGH) NOTA: No en Arduino UNO.

Podemos ver un ejemplo de su uso en **Ej_INT**

7.2   Entradas Analógicas (ADC)

Una señal analógica es una señal que recibimos en forma de tensión en un intervalo –Vcc y + Vcc. En el caso de Arduino esta entre 0V y 5V.

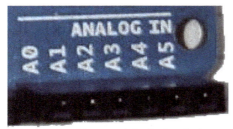

Fig. 21: Pines ADC Arduino

En el Arduino UNO tenemos 6 entradas analógicas, (A0-A5) y se identifica fácilmente en la placa por la inscripción"ANALOG IN" donde se ven las 6 entradas analógicas disponibles.

Los valores que nos darán están comprendidos entre 0-1023, esto es así porque el **ADC**(Convertidor Analógico Digital) con el que cuenta Arduino para poder recoger esa señal analógica y convertirla a binario tiene una precisión de 10 bits.

La resolución en el Arduino UNO es fija a 10bits pero otros modelos como ZERO o DUE tienen esta resolución por defecto pero se puede cambiar a 12bits con la función **"analogReadResolution()"**

```
// Resolución, por defecto 10 bits (0-1023) que es la máxima en Arduino UNO
analogReadResolution(bits_de_resolución)

// Lectura de dato
int valor = analogRead(Pin_Ax)
```

En el ESP32 la resolución sera de 12 bits, por lo tanto tendremos valores entre (0-4095) luego el cero seria 0V y el 4095 se aproximaría a los 3,3V. Podremos definir la resolución, así si queremos realizar un programa que se comporte igual en Arduino que en ESP32 deberíamos reducir la resolución a 10 bits en este ultimo.

```
// Resolución en bits: 9bits(0-511) 10bits(0-1023) 11bits(0-2047) 12bits(0-4095)
analogReadResolution(bits_de_resolución)
// Numero de muestras a leer, mejorando la sensibilidad, por defecto 1.
analogSetSamples (muestras)

// Lectura de dato
int valor = analogRead(GPIO)   // Valor bruto 0-4095 en 12 bits
int valor analogReadMilliVolts(GPIO);   // Valor en milivoltios.
```

En el ESP32 dispondremos de 18 canales o entradas analógicas, es decir doce más que en nuestro Arduino, que funcionan mediante dos convertidores ADC que son el *ADC1* con 8 canales y el *ADC2* con 10 canales.

Una vez más debemos tener cuidado pues dependiendo de la placa de desarrollo que usemos algunos no están disponibles, el **ADC1** por ejemplo en la placa *DevKitC* de 30 pines no esta disponibles.

La tabla de los GPIO que podremos usar como ADC y sus observaciones es la siguiente.

Tabla Q: GPIOs entrada analógica

GPIO ADC	Observaciones
ADC1 (8 canales)	
GPIO 32 – GPIO 35	Canal 4 al 7
GPIO 36	Canal 0
GPIO 37 – 38	Canal 1 al 2 Evitar usar por no estar disponibles en algunas placas.
GPIO 39	Canal 3
ADC2 (10 canales) (Precaución WIFI o Bluetooth)	
GPIO 0	Canal 1 No disponible en DevKitsC y WROVER
GPIO 2	Canal 2 No disponible en WROVER-KIT
GPIO 4	Canal 0 No disponible en WROVER-KIT
GPIO 12	Canal 5
GPIO 13	Canal 4
GPIO 14	Canal 6
GPIO 15	Canal 3 No disponible en WROVER-KIT
GPIO 25 -26	Canal 8 – 9
GPIO 27	Canal 7

El **ADC2** no es recomendable utilizarlo a la vez que el WIFI o Bluetooth, podríamos apagar WIFI leer y luego encender pero es mejor no utilizarlo cuando usemos el WIFI y así nos evitaremos problemas.

Con estas restricciones la recomendación es pensar en usar solo *ADC1* y los canales(0,3,4,5,6,7) para evitarnos problemas.

Estos convertidores a veces nos generan ruido por lo que es bueno poner un pequeño condensador de 0,1 microFaradio.

7.2.1 Precisión

La precisión si medimos entre 0-5V y con 10bits sera de 4,88mV (5/1024) pero esto lo podemos cambiar si el rango de medición lo reducimos y modificamos la tensión tomada como referencia con la función **analogReference(tipo)**:

- *DEFAULT*: 5V o 3,3V según la placa.

- *INTERNAL*: 1.1V en placas Atmega168 y 328 y en las placas ATmega32U4 y ATmega8 sera 2,56V.

- *EXTERNAL*: Aplicado en el Pin AREF(0-5V) pero debemos asegurarnos que la señal no lo superara.

NOTA: Si deseamos cambiar entre voltaje de referencia externo e interno, deberemos poner el voltaje de referencia con una resistencia de 5K.

Tendremos en cuenta que la resistencia alterará el voltaje que se usa como referencia porque hay una resistencia interna de 32K en el pin *AREF*. Los dos actúan como un divisor de voltaje, por lo tanto, si aplicamos 2.5V a través de la resistencia se producirá
$2.5*32/(32+5)=\ 2.2\,V$ en el pin *AREF*.

7.2.2 Lectura de sensores analógicos

En un sensor lineal (ejemplo TMP36 para temperatura, que podemos ver en el capitulo 13.1.2.1 TMP36) nos dará una salida proporciona a la medida del sensor que es la que se conectara al pin de entrada analógica.

Cuando el sensor da unos valores de salida entre 0-5V lo podremos conectar directamente, en el caso de que tener tensiones superiores usaremos divisores de tensión.

Antes de actuar con el valor leído, es un valor según precisión, deberemos ejecutar la siguiente formula $V = Lectura * 5\,v/1024$ para conocer el voltaje que nos esta dando el sensor.

- Los 5v se cambiara por el voltaje de referencia, por ejemplo en ESP32 cambiaríamos a 3.3V.

- Y los 1024 según la precisión utilizada.

También podremos usar las función *map(valor, deMin(0), deMax(1023), aMin, aMax)*

En el montaje de *ESP32* hemos utilizado el *GPIO34*, que como veremos más adelante es el canal 6 del ADC1, en Arduino usaremos por ejemplo el A0.

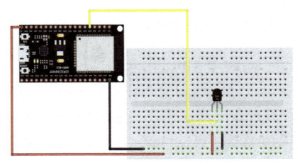

Fig. 22: Montaje sonda temperatura

```
// Dejamos sin comentar la placa que corresponda
#define PLAT_ARDUINO
//#define PLAT_ESP32

#if defined(PLAT_ARDUINO)
    #define SONDA_TMP A0
    #define RESOL 1024.0
    #define VOLTAJE 5.0
#else
    #define SONDA_TMP 34
    #define RESOL 4096.0
    #define VOLTAJE 3.3
#endif

void setup()
{
    #if defined(PLAT_ARDUINO)
        Serial.begin(9600);
    #else
        Serial.begin(115200);
    #endif
}

void loop()
{
    int valor;
    float voltaje;
    float temperatura;
    valor = analogRead(SONDA_TMP);
    voltaje = (valor/RESOL)*VOLTAJE;
    temperatura = (voltaje - .5)*100;

    Serial.println("Valor: "+String(valor)+" Voltaje: "+String(voltaje)+" Temperatura:
"+String(temperatura));
    delay(1000);
}
```

En un principio podemos cambiar el TMP36 por ejemplo por un potenciómetro y así realizar nuestras pruebas sin forzar cambios de temperatura que es más complejo y una vez que tengamos probado nuestro código remplazar este por el sensor.

Tenemos el ejemplo *SensorTMP36* que recoge la información del sensor y se visualiza en consola, tanto el valor leído la conversión a voltaje como la temperatura. El otro ejemplo seria *TMP36_Display* que se añade un display (los cuales podremos ver en el apartado 13.2 Pantallas.

7.3 PWM

Nos permiten simular una salida analógica, utilizada por ejemplo para el control de los motores, mediante la modulación de pulsos de una salida digital.

Una señal PWM es una onda cuadrada y debido a que durante el ciclo alto se da todo el voltaje este tipo de conexión nos sirve como regulador de potencia (ejemplo velocidad de un motor, o intensidad de un LED) pero no para regular la alimentación. Si la salida digital es de 5V y esta se mantiene en alto solo el 50% del ciclo estaríamos simulando un salida de 2,5V. Debemos tener en cuenta que no es una salida analógica ya que durante la mitad de tiempo se estará dando 5V, por lo tanto si se conecta a un dispositivo que solo soporta 2,5V lo dañaríamos.

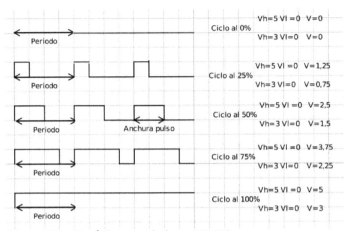

Fig. 23: Gráficos ciclos PWM

Así que la modulación por pulso (PWM) es una señal digital que se repite durante un periodo definido (ejemplo 1Hz que es aproximadamente un segundo) y se mantiene en alto un porcentaje de tiempo y el resto en bajo y así repetidamente. Al usar periodos cortos los cambios son tantos que no se aprecia el cero (apagado en un led) pero si una reducción de la velocidad en un motor o brillo en un LED.

$$V = (Vh - Vl) - \frac{Ciclo}{100}$$

En el Arduino UNO y Nano podremos utilizar 6 pines de los digitales que permiten PWM, que están marcados en la placa con el simbolo '~' y son los pine: 3, 5, 6, 9, 10 y 11. Como se puede ver en la figura 15 (Pines Digitales Arduino)

Estos pines en modo *PWM* utilizan ***Timer*** internos:

- T0 pin 5 y 6, lo utiliza *millis* y *delay*.

- T1 pin 9 y 10

- T2 pin 3 y 11

Por lo lo tanto debemos tener cuidado con el uso de otras funciones que utilicen también los *Timer* (por ejemplo si usamos *SPI* no podremos usar el *PWM-11* ya que este pin es el MOSI)

- Resolución 8 bits (0-255)

- Frecuencia 490Hz y los pines 5 y 6 980Hz.

```
analogWrite(PIN, Valor)
```

La función ***map*** la utilizaremos muchas veces cuando trabajamos con *PWM* pues nos permite escalar los valores leídos a nuestra escala.

Para ver el uso de PWM tenemos el ejemplo ***EyS_Analog*** y que complementa bastante lo visto hasta el momento, consta de lo siguiente:

• 3 resistencias variable (potenciómetros) para definir los valores *RGB* del led, ejemplo de uso de entrada analógica.

• Un pulsador para que se vuelquen estos valores y se ilumine como corresponde a los valores el LED.

• 3 PWM para definir el color del led RGB.

```
const int Rojo = 11; // pin 6 PWM para el rojo
```

```
const int Verde = 10; // pin 5 PWM del verde
const int Azul = 9; // pin 3 PWM del azul
const int PRojo = A2;
const int PVerde = A1;
const int PAzul = A0;
int pulsador = 2; // pin 2 asignado al pulsado

void setup()
{
  // Definimos Pines
  pinMode(Rojo, OUTPUT);
  pinMode(Verde, OUTPUT);
  pinMode(Azul, OUTPUT);
  pinMode(pulsador, INPUT); // declara pulsador como entrada

  // Apagamos el LED
  analogWrite(Rojo,0);
  analogWrite(Verde,0);
  analogWrite(Azul,0);

  Serial.begin(9600);    // abre el Puerto serie y lanza los primeros envíos
  Serial.println("------ INICIO E/S Analógica -----");
}

void loop()
{
  int rojo, verde, azul;
  int a_rojo, a_verde, a_azul;

  if (digitalRead(pulsador) == HIGH)
  {
    rojo = analogRead(PRojo);
    verde = analogRead(PVerde);
    azul = analogRead(PAzul);

    // Escalamos con la función map a valores entre 0 y 255.
    a_rojo = map(rojo,0,1023,0,255);
    a_verde = map(verde,0,1023,0,255);
    a_azul = map(azul,0,1023,0,255);

    // Informamos de los cambios para trazar por el serie
    Serial.println("ROJO: "+String(rojo)+" A "+String(a_rojo));
    Serial.println("VERDE: "+String(verde)+" A "+String(a_verde));
    Serial.println("AZUL: "+String(azul)+" A "+String(a_azul));

    // Iluminamos el LED con los valores obtenidos
    analogWrite(Rojo,a_rojo);
    analogWrite(Verde,a_verde);
    analogWrite(Azul,a_azul);

    delay(500); // Dejamos tiempo para soltar el botón
  }
}
```

También en el ejemplo de comunicaciones *Ej_SerieArduino* con el tratamiento de un LED RGB.

7.3.1 Utilización PWM en ESP32

Dispone de 16 canales independientes *PWM* que se encuentran en el modulo *ledc/PWM*. Estos 16 canales se dividen en dos grupos de 8 canales. Debemos recordar que en el ESP32 tenemos 3.3V de máxima y no 5 como en el Arduino, esto es importante saberlo al diseñar nuestros circuitos como por ejemplo el uso de motores con MOSFET, como el ejemplo **MotorContinua** del que se habla en el capitulo 13.4.1.1 MOSFET.

Tabla R: Canales PWM

Lede	Grupo	Canal	Timer
0		0	0
1		1	0
2		2	1
3	0	3	1
4		4	2
5		5	2
6		6	3
7		7	3
8		0	0
9		1	0
10		2	1
11	1	3	1
12		4	2
13		5	2
14		6	3
15		7	3

La programación en el ESP32 es un poco distinta a la que se realiza en Arduino ya que podemos definir la resolución y el periodo lo que nos da más flexibilidad, pero al final es igualmente sencilla siguiendo estos pasos:

1. Seleccionar el canal a usar (0-15)

2. Definir la frecuencia de *PWM*

Recordemos que una salida *PWM* consiste en enviar una señal digital con alto y bajo, durante una frecuencia determinada.

3. Resolución del ciclo (8, 10, 12, 15 bits)

Una resolución de 8 bits nos permitirá enviar valores de 0-255 (resolución del Arduino).

4. Definir el *GPIO* que utilizaremos de salida y el canal al que se asocia para genera la señal *PWM*.

5. Escribir datos en el *GPIO* que se haya definido.

El Voltaje en el *ESP32 es* 0 y 3.3V y no de 0 y 5V como en Arduino.

```
//   Versión 2
     // Tres primeros pasos. (0,5000,8)  definir canal, frecuencia y resolución
     //ledcSetup(canal, freq, resolución)    // Se elimina en Version 3

     // 4.- Definición del canal en la GPIO
     ledcAttachChannel(pin,freq,resolucion,canal);
     ledcAttach(pin, freq, resolucion);

// Versión 3 de IDF
// ledcSetup, ledcAttachPin. Se elimina y fusiona con la nueva función  ledcAttach.
     bool ledcAttach(pin, freq, resolucion);    // Selección de canal automatica
     // Si queremos definir el canal como realizabamos antes
     bool ledcAttachChannel(pin, freq, resolucion, canal);


ledcChangeFrequency(pin, frequency, resolution)    // Cambio de frecuencia y resolución


// 5.- Escritura de datos
ledcWrite(canal, Valor)      // Version 2
ledcWrite(pin, Valor)        // Version 3

// Desconecta Pin PWM
ledcDetach(GPIO)


// Notas
ledcWriteNote(pin, nota, octava);    // Nos retorna la frecuencia

/*
NOTE_C,NOTE_Cs,NOTE_D,NOTE_Eb,NOTE_E,NOTE_F,NOTE_Fs,NOTE_G,NOTE_Gs,NOTE_A,NOTE_Bb,NOTE_B
*/

// En la versión 3 tenemos nuevas funciones para realizar Fades
bool ledcFade(uint8_t pin, uint32_t start_duty, uint32_t target_duty, int
max_fade_time_ms);
```

Funciones añadidas en la versión 3.x del Core-Arduino:

• **ledcAttach**: utilizado para establecer el pin de LEDC (fusión ledcSetup y ledcAttachPin de la antigua version).

• **LedcOutputInvert**: utilizado para adjuntar la interrupción a un temporizador.

• **LedcFade**: Desvanecimiento en un pin LEDC dado.

• **LedcFadeWithInterrupt**: Desvanecimiento en un pin LEDC dado con una interrupción.

• **LedcFadeWithInterruptArg**: Configuración del inicio del desvanecimiento.

Los pines que podremos usar son los mismos que se pueden usar como salidas digitales, así que *GPIO-34 – GPIO-36* y *GPIO-39* que solo trabajan como entradas digital no podrán usarse para *PWM*.

8   *GESTIÓN DE MEMORIA*

Las memorias son la parte de un sistema que almacena datos binario, los tipos de memoria que dispone el Arduino UNO son:

1. **SRAM** (static random access memory): Es una memoria volatil (al apagar desaparece) y se usa para almacenar las variables. En el caso de Arduino UNO disponemos de 2K.

2. **EEPROM**: Es una memoria no volátil por lo que se usa para almacenar datos, por ejemplo de configuración, que deseamos que persistan aun cuando se apaga. En el Arduino UNO disponemos de 1K y debemos controlar su uso ya que tienen un número limitado unos 100.000 ciclos de escrituras.

3. **Flash**: Memoria no volátil que se usa para alojar el programa. En Arduino UNO tenemos 32K de los cuales 0,5 se usan para el *bootloader*. A diferencia de la EEPROM esta memoria no podremos modificarla en tiempo de ejecución.

En el ESP32 disponemos de varias memorias internas, las que se encuentran dentro del SoC, ya que podríamos tener también memorias externas que nos permitirían ampliar las capacidades de nuestro ESP32 son:

1. Memoria **ROM** que estaría el código necesario para manejar el Bluetooth, WIFI y el *bootloader*.

2. **SRAM** (static random access memory): con un tamaño inicial de 520K, pero que podríamos ampliar con SRAM externa. Es una memoria volátil como se comento al hablar de la memoria del Arduino.

3. **RTC SRAM** con un tamaño de 8K es lenta y se utiliza cuando el procesador se encuentra en modo suspensión. Este procesador dispone de varios modos de trabajo como podremos ver en el apartado 11.3 Modos de trabajo (Ahorro energía).

4. **Efuse** de solo 1K, los cuales 256 bits son del sistema con datos de configuración del CHIP o la MAC entre otros y 768bits para aplicaciones.

5. **Flash** El tamaño depende del modelo, pudiéndose ampliar con memoria externa, y es donde almacenaremos nuestro programa, cargador de arranque y archivos de ficheros incluso.

8.1   Optimización

- Eliminar variables no utilizadas.

- Control de las variables de cadenas, ya que ocupan memoria Flash en primer lugar y luego son copiadas a la SRAM. Por lo que se aconseja usar el macro F() que las almacena en PROGMEM(Memoria Flash).

8.2   EEPROM

EEPROM es un espacio de almacenamiento para almacenar datos de configuración y variables que deseamos permanezcan al apagar.

Para poder usarla necesitaremos la librería "EEPROM.h" que cuenta con las funciones:

Tabla S: Funciones EEPROM

Función	Descripción
uint8_t read(dirección)	Lee un byte de una dirección concreta.
void write(dirección, valor)	Escribe un byte en una dirección especifica como primer parámetro.
void update(dirección, valor)	Escribe un byte en una dirección especifica, solo si es diferente al actual.
put(dirección, dato)	Escribe dato en la dirección especificada.
get(dirección, var)	Lee dato de una dirección y lo pone en var.

Podemos ver un ejemplo muy simple de guardar un entero y como leerlo en **GrabaEEPROM** y **LeeEEPROM**. Ademas tenemos el ejemplo **Config_Serial** en el que no solo tenemos el programa Arduino sino también el programa de escritorio en C, multiplataforma (Linux y Windows) para leer el fichero de configuración y lo pase por puerto serie para almacenar estos datos en la EEPROM.

Dado que se tienen un numero limitado de grabaciones, aunque sean muchas, lo mejor es utilizar la función *update* que solo grabara si el dato ha cambiado.

En el caso del ESP32 se utilizara el espació de memoria "*nvs*" y para compatibilizar con el entorno Arduino se define también la librería "EEPROM.h" con algunas pequeñas salvedades en su uso.

- Tendremos una función nueva que es "*begin*" y que es necesaria para definir el tamaño de la EEPROM.

- En el caso del ESP32 la función *update* no existe y es la propia *write* la que por defecto hace de *update*.

- *D*eberemos usar otra nueva función "*commit()*" para que los cambios tengan efecto.

Un ejemplo más avanzado de uso, en este caso para el ESP32, es **GrabaDatos** que nos permite almacenar los datos de WIFI (SSID y clave) que son comunes y fijos en nuestros ejemplos para que estos no los definan como constantes en nuestros programas sino que solo leerán de la memoria.

8.2.1 *"Preference.h"* en ESP32

En en el ESP32 disponemos de una librería más avanzada que "*EEPROM.h*" que también nos permite guardar datos y se llama "*Preferences.h*". Esta librería de almacenamiento no volatil (NVS) nos permitirá almacenar datos clave-valor en una parte de la flash (partición nvs) y podría estar cifrada.

Los datos se asignaran a espacios de nombres, lo que nos permitirá disponer de claves con el mismo nombre en espacios diferentes y de esta forma organizar mejor nuestras preferencias.

```
NombreEspacio {
    clave1: valor1
    clave2: Valor2
      …
}
```

Donde "*NombreEspacio*" (*namespace*) es un espacio donde se almacenara un grupo de pares (Clave: Valor) gracias a los espacios de nombres separados, estos podrían tener claves con el mismo nombre, se podrían tener diferentes WIFIs configuradas y se leería el espacio de nombre según la configuración de jumper (2 jumpers o interruptores tipo Switch nos permitirían tener 4 configuraciones distintas) que tengamos configurada.

En nuestro ejemplo *GPreferencias* tendremos dos espacios de nombres.

```
// Espacio de nombres para la conexión a la WIFI
WIFI {
   ssid: "SSID de la WIFI"
   clave: "Clave de acceso a wifi"
}

// Espacio de nombre con datos diversos
Varios {
   contador: Numero de arranques
   Autor: Nombre del autor del programa
   Version: Versión del programa.
   //  Fecha del ultimo inicio
   Dia:
   Mes:
   Ano:
   Hora:
   Minutos:
   Segundos:

}
```

Algunos de los tipos de datos que permiten las claves son: caracteres, enteros, flotantes, cadenas de caracteres booleanos, bytes.

Lo primero que hacemos como siempre es declarar la librería y crear una instancia y abrir el espacio de almacenamiento.

```
#include <Preferences.h>

Preferences datos;    // Creamos la instancia

datos.begin("mi espacio", modo)
```

El método *begin* tendrá el nombre de nuestro espacio y *falso* para lectura y escritura (se usara este cuando se cree) y *cierto* cuando solo queramos que sea utilizado en modo lectura.

Para la escritura y lectura de los datos en la preferencia tendremos alguno de los siguientes métodos.

```
// Métodos de escritura
putChar(const char* clave, int8_t valor)
putInt(const char* clave, int32_t valor)
putUInt(const char* clave, uint32_t valor)    // Entero sin signo.
putLong(const char* clave, int32_t valor)
putULong(const char* clave, uint32_t valor)    // Long sin signo
putFloat(const char* clave, const float_t valor)
putDouble(const char* clave, const double_t valor)
putBool(const char* clave, const bool valor)
putString(const char* clave, const String valor)
putBytes(const char* clave, const void* valor, size_t longitud)

// Métodos para lectura de datos
getChar(const char* clave, const int8_t porDefecto)
getInt(const char* clave, const int32_t porDefecto)
getUInt(const char* clave, const uint32_t porDefecto)    // Entero sin signo.
getLong(const char* clave, const int32_t porDefecto)
getULong(const char* clave, const uint32_t porDefecto)    // Long sin signo
getFloat(const char* clave, const float_t porDefecto)
getDouble(const char* clave, const double_t porDefecto)
getBool(const char* clave, const bool porDefecto)
getString(const char* clave, const String porDefecto)
getBytes(const char* clave, void* valor, size_t MaximaLongitud)
```

Si queremos liberar un espacio de nombre tenemos los siguientes métodos:

- clear() limpia el espacio de nombre, pero no lo elimina.

- remove(clave) elimina la clave especificada.

- end() no elimina pero cierra el espacio de nombre.

Para eliminar completamente un espacio de nombre de la memoria usaremos el siguiente fragmento de código.

```
#include <nvs_flash.h>
```

```
void setup() {
  nvs_flash_erase(); // Borrado
  nvs_flash_init(); // inicialización
  while(true);
}
```

El ejemplo **_L_Preferencias_** se puede ver como leer las variables para conectarse mediante una conexión WIFI a un servidor NTP y nos da la fecha del ultimo arranque del ESP32 ("--" no tiene fecha) y almacena la fecha actual para la próxima vez.

8.2.2 Generación de partición NVS Partition

Los datos tipo "Clave-Valor" que se explican en 8.2.1 "Preference.h" en ESP32 se almacenan en la partición tipo "NVS" que como se ve en el capitulo 8.3 Flash ESP32 (Múltiples sistemas de archivo) el ESP32 puede tener un sistema de archivos con diferentes particiones y diferentes usos, en este caso es la datos nvs que se utiliza para almacenar datos en plan EEPROM o la de nuestro interés _Preference_ y vamos a explicar como añadir los datos a esta partición, desde linea de comandos, para su posterior lectura en nuestro programa.

Tenemos un nuevo ejemplo con Script en Almacenamiento **_NVS_** en el que el programa _NVS.ino_ los leerá.

Deberemos instalar las herramientas ESPTOOLS ya que algunos ejecutables necesarios no se instalan en el entorno Arduino.

Lo primero sera generar un fichero CVS que tendrá los namespace y claves-valor que tengamos en ellos.

```
key,type,encoding,value                    CABECERA
prueba,namespace,,                NOMBRE DEL NAMESPACE
Campo1,data,string,UncampocualquierA CAMPOS CON LOS DATOS
Campo2,data,string,Valordelaclave
Autor,data,string,elNombre
```

Tipos: file, data, namespace.

Codificación: u8, i8, u16, i16, u32, i32, u64, i64, string, hex2bin, base64, y binary.

Luego crearemos la imagen de la partición y la subiremos.

nvs_partition_gen.py generate <CSV> <IMG> <TAMAÑO>

esptool.py --chip esp32 write_flash -z <DIRECCION> <IMG>

8.3   Flash ESP32 (Múltiples sistemas de archivo)

El ESP32 usa una tabla de particiones, como los discos de los ordenadores, para organizar los diferentes tipos de datos a almacenar. Cada entrada de la tabla de particiones tendrá: un nombre, tipo, subtipo, desplazamiento, tamaño y banderas.


```
# ESP-IDF Partition Table
# Name,   Type, SubType, Offset,  Size, Flags
```


Los diferentes tipo que podemos encontrar, con sus subtipos son:

- *data (0x01)*: Para almacenar datos generales
  - **ota(0x00)**: Subtipo para información OTA y tiene un tamaño fijo de 8kB, el gestor de arranque los consulta para saber que aplicación ejecutar. Si esta vació se ejecuta la app/factory.

- ○ **nvs(0x02)**: Subtipo para datos generales (Ejemplos datos de conexión del WIFI, certificados) admite cifrado. Y su tamaño recomendado es de 12-64Kb. Se recomienda tener al menos una, es la partición que se utilizara al trabajar con *"EEPROM.h"* y *"Prefeences.h"*

- ○ **fat(0x81)**: Es un sistema de archivos adecuado para almacenar grandes datos que cambian con frecuencia.

- ○ **spiffs(0x82)**: Es un sistema de archivos flash SPI para archivos grandes, ejemplos imágenes.

- ○ Otros subtipos: coredump(0x03), nvs_keys(0x04), phy

- *app(0x00)*: Almacenara la aplicación

  - ○ **factory(0x00)**: Cuando no tenemos una aplicación OTA estará en ella la aplicación

  - ○ **ota_0 – ota_15(0x10-0x19)**: Utilizadas para la actualización inalámbrica.

  - ○ **test(0x20)**: Partición de prueba.

Dependiendo del modelo de placa nos dará diferentes tipos de esquemas, que se pueden ver en Herramientas→Esquema de particiones, es este caso mostramos los diferentes esquemas que nos ofrece la placa *"AI-Thinker ESP32-CAM"* ya que con la placa objeto de este libro *"DOIT ESP32 DEVKIT V1"* no nos da ningún esquema de particiones.

También podemos personalizar las nuestras creando el fichero *"partitions.csv"* y lo localizamos en el directorio de nuestro programa de forma que al compilarlo se usara este y no los predefinidos.

Los sistemas de archivos disponibles en el ESP32 son varios y con diferentes propósitos, dentro de los sistemas de archivos que nos interesaran para almacenar datos tenemos varios: *FatFS*, *SPIFFS* y *LittleFS* con sus ventajas e inconvenientes.

8.3.1 SPIFFS

Este sistema de fichero nos permite disponer de un pequeño sistema de archivos, que consume muy pocos recursos aunque es muy lento. Por lo tanto usaremos este sistema si los ficheros que necesitamos almacenar requerirán pocas lecturas y escrituras, ejemplo ficheros de configuración. ficheros grandes como un logo que solo cargaremos en el inicio.

Podemos ver un ejemplo en el código **EjSPIFFS_ST-7735** que se explica en el apartado 13.2.2.1 Imágenes en pantallas. y **EjSPIFFS** que se ve en el apartado 8.3.5 Subir ficheros a nuestros "file-system".

8.3.2 FatFS

Es el sistema de archivos más rápido pero requiere de muchos recursos tanto en espacio Flash como en memoria, este sistema nos permite disponer de hasta 10 archivos abiertos pero también tendrá un consumo de 48K (8K más 4K por archivo abierto)

- Es más estable.

- Consume muchos recursos.

8.3.3 LittleFS

Este sistema de fichero es muy liviano y tiene la ventaja frente al *SPIFFS* de ser más rápido, y aunque tiene varias restricciones podemos decir que es un buen sistema si miramos su funcionalidad y rendimiento.

- Ideal para archivos pequeños.

- Nombres de hasta 31 carácter. No olvidar añadir el nulo de fin de nombre.

- No es tan rápido como FatFS pero se aproxima.

- En condiciones de poca memoria es posible que no podamos abrir nuevos archivos.

- No tiene directorios.

8.3.4 Programación sistema ficheros

La programación de los sistemas de ficheros es sencilla y lo primero que haremos es incluir la librería que corresponda al sistema de ficheros a utilizar.

- *"SPIFFS.h"* para el sistema de fichero SPIFFS.

- *"LittleFS.h"* para el sistema de ficheros LittleFS.

- *"FFat.h"* para el sistema de ficheros FatFS.

Después deberemos montar el sistema con el método *"begin"* con el prefijo del sistema del fichero: SPIFFS, LittleFS o FFat.

```
SPIFFS.begin();    // Si queremos que se formatee en caso de error pondremos true
LittleFS.begin();
Ffat.begin();
```

Los métodos para los los tres sistemas son los mismos y podemos verlos en las siguientes tablas.

Tabla T: Tratamiento de partición

función	Descripción
end()	Se usara cuando deseemos desmontar la partición ya que no la vamos a volver a usar y de esta forma liberamos recursos.
format()	Para formatear la partición y nos devolverá true en caso correcto
totalBytes()	Tamaño de la partición.
usedBytes()	Bytes utilizados.
freeBytes()	Bytes libres, solo en el tipo de fichero FatFS
exists(archivo)	Confirma que existe el archivo.

Tabla U: Tratamiento de ficheros

Función	Descripción
open(archivo,modo)	Abre un archivo y nos devolverá un objeto archivo.
remove(archivo)	Borra el archivo.
rename(nombre inicial, nombrefinal)	Renombra el archivo

Tabla V: Métodos de ficheros

Función	Descripción
size()	Tamaño del fichero
seek(desplazamiento, modo)	Se mueve dentro del fichero y los modos son: ∘ SeekSet: Desplazamiento desde el principio ∘ SeekCur: Movimiento desde la posición actual. ∘ SeekEnd: Desplazamiento desde el final del archivo.
name()	Devuelve el nombre del fichero
close()	Cierra fichero, esto es importante ya que si se va la alimentación antes de cerrar podría quedar corrupto.
isDirectory()	Nos dice si es un directorio.
openNextFile()	Para recorrer los ficheros de un directorio.

8.3.5 Subir ficheros a nuestros "file-system"

Si deseamos subir archivos iniciales a nuestro sistema, ejemplo imágenes un archivo de pagina WEB, sin necesidad de que tengamos esa información en nuestro código se pueden utilizar varia herramientas, que se añaden como plugin en nuestro IDE-Arduino y se puede encontrar en *https://github.com/lorol/arduino-esp32fs-plugin*, el problema es que en estos momentos no funciona para el IDE-V2.

Entonces podremos utilizar para estos casos el IDE de Arduino 1.8 o realizar estas operaciones desde linea de comandos y continuar usando el IDE-V2 en nuestra programación.

La segunda opción me parece más interesante, así solo trabajamos con una versión de IDE única en todos nuestros proyectos y ademas nos da la posibilidad de cambiar ficheros de configuración, imágenes, etc. sin necesidad de compilar. Así que explicaremos como subir ficheros desde linea de comando sin depender del IDE.

Lo primero que deberemos de conocer es la dirección donde se localiza la partición y su tamaño, para esto o conocemos la partición que se crea en nuestro ESP32 (la hemos configurado nosotros) o utilizamos por ejemplo el programa *Particiones* que nos visualizara la tabla completa de estas, incluido los nombres de las particiones para acceder a ellas como también veremos en el ejemplo *EjSPIFFS* en el que trabajamos dos particiones.

El resultado del programa *Particiones* para la configuración por defecto de nuestro ESP32 sera el que se puede ver en la siguiente figura.

Nombre	Tipo	Subtipo	Desplazamiento	Tamaño	Flags
nvs	DATA 0x01	NVS 0x02	0x9000	0x5000	No Encriptada
otadata	DATA 0x01	Fabrica 0x00	0xe000	0x2000	No Encriptada
app0	APP 0x00	OTA0	0x10000	0x140000	No Encriptada
app1	APP 0x00	OTA1	0x150000	0x140000	No Encriptada
spiffs	DATA 0x01	Spiffs 0x82	0x290000	0x160000	No Encriptada
coredump	DATA 0x01	Coredump 0x03	0x3f0000	0x10000	No Encriptada

Fig. 24: Particiones por defecto

En la que se puede ver una partición "NVS" para datos utilizados con "*EEPROM.h*" o "*Preferences.h*", tres particiones para OTA, una de datos SPIFFS y otra para CoreDump.

Para el ejemplo *EjSPIFFS* configuraremos nuestras propias particiones que eliminaran las particiones de OTA y generara dos particiones SPIFFS. Para esto generaremos un fichero "partitions.csv" que se alojara en el directorio con los siguientes requisitos:

1. La primera partición empezara en 0x9000 (de 0x8000 a 0x81ff esta la tabla de particiones)

2. El comienzo de las siguientes sera el comienzo de la anterior más el tamaño.

3. Evitar solapar las direcciones, aunque nos avisaría al particionar.

4. No sobrepasar la memoria disponible en nuestro caso 4MB (0x400000)

```
# Name,     Type,  SubType,  Offset,    Size,      Flags
nvs,        data,  nvs,      0x9000,    0x6000,
phy_init,   data,  phy,      0xF000,    0x1000,
factory,    app,   factory,  0x10000,   0xf0000,
datos,      data,  spiffs,   0x100000,  0x100000,
datosWEB,   data,  spiffs,   0x200000,  0x1f0000,
coredump,   data,  coredump, 0x3f0000,  0x10000,
```

Nombre	Tipo	Subtipo	Desplazamiento	Tamaño	Flags
nvs	DATA 0x01	NVS 0x02	0x9000	0x6000	No Encriptada
phy_init	DATA 0x01	PHY 0x01	0xf000	0x1000	No Encriptada
factory	APP 0x00	Fabrica 0x00	0x10000	0xf0000	No Encriptada
datos	DATA 0x01	Spiffs 0x82	0x100000	0x100000	No Encriptada
datosWEB	DATA 0x01	Spiffs 0x82	0x200000	0x1f0000	No Encriptada
coredump	DATA 0x01	Coredump 0x03	0x3f0000	0x10000	No Encriptada

Fig. 25: Nuestra partición modificada

La partición se creara al compilar el programa cuando contenga el fichero partitions.cvs en el directorio, la otra opción que es la recomendada es realizarlo desde linea de comandos con los comandos "*gen_esp32part.py*" que genera la imagen de partición y "*esptool.py*" que sube esta imagen en la dirección 0x8000 que es donde empiezan las particiones como se ve en el siguiente código.

```
#Generamos imagen de particiones
gen_esp32part.py Part2SPIF.csv Particiones.img

#Subimos la imagen a la dirección 0x8000 que es donde se aloja la tabla de particiones
```

```
esptool.py --chip esp32 write_flash 0x8000 Particiones.img
```

Si ahora ejecutamos el programa *Particiones* podemos ver que el resultado de la primera vez figura 24(Particiones por defecto) es diferente y sera como el de la figura 25(Nuestra partición modificada) con la información de las nuevas particiones.

Así que ahora nos queda saber como subir datos a esta nuevas particiones desde linea de comando sin necesidad de poner esos datos en nuestro código.

Lo primero sera crear un directorio "datosWEB", por ejemplo, en el que pondremos los ficheros a subir. Después crearemos la imagen con el comando *"mkspiffs"* que tendrá los datos que deseamos subir y subiremos esta imagen a nuestro ESP32 con el comando *"esptool.py"* que utilizamos antes pero en este caso debemos especificar la dirección de la partición y no 0x8000 como hicimos al crear la tabla de particiones.

```
mkspiffs -c <directorio> -b 4096 -p 256 -s <tamaño partición> <imagen partición>
esptool.py --chip esp32 write_flash -z <dirección partición> <imagen partición>
```

En el ejemplo *EjSPIFFS* se puede encontrar un script *"Subedatos.sh"* que crea las imágenes de las dos particiones SPIFFS, una con los datos en los directorios "datos" y "datosWEB"

Utilizamos las instrucciones explicadas en 8.3.4 Programación sistema ficheros para el acceso a estos ficheros, aunque vamos a explicar algunos detalles del código ya que en este caso utilizamos dos particiones.

```
// Creamos los objetos de las particiones que utilizaremos.
fs::SPIFFSFS pdatos;          // Para la partición de datos
fs::SPIFFSFS pdatosweb;
//
pdatos.begin(true,"/datos",10,"datos"));  // Ultimo parámetro nombre de la partición.
```

1. Como vamos a utilizar 2 particiones no utilizaremos la variable externa SPIFFS, sino crearemos dos objetos, uno por cada partición, para su programación.

2. Añadimos más parámetros al *begin* para indicar el nombre de la partición.

9   *COMUNICACIÓN*

9.1   UART Puerto Serie

El principal uso que realizamos es el de consola pero también nos permite comunicarnos con otros dispositivos que tengan conexión serie.

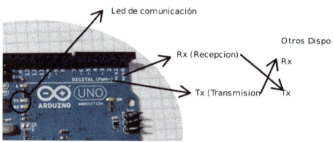

Fig. 26: Conexión Serie

En Arduino UNO tenemos solo un puerto, que será por el puerto USB o en los pines señalados en la figura 26, pero podemos usar la librería "*SofwareSerial*" para utilizar otros dos pines digitales como puerto UART y así aumentar el numero de puertos serie de nuestro Arduino.

En otros Nardinos dispondremos de más como son el Mega que podemos disponer de 4 puertos serie.

Lo primero que realizaremos es configurar el puerto serie a utilizar en la sección "*setup*" y esperar a que este disponible.

```
void setup()
{
  // Definimos la velocidad:
  //300, 600, 1200, 2400, 4800, 9600, 14400, 19200, 28800, 31250, 38400, 57600 y 115200
baudios.
  Serial.begin(9600);    // Definimos la velocidad
  while(!Serial) { ; }   // Esperamos a que este disponible el puerto serie
  ......
}
```

En el caso de utilizar la librería "*SofwareSerial*", pondremos el #*include* con la librería y la configuración ademas de la velocidad definiremos los pines digitales que se usaran como Rx y Tx.

```
#include <SoftwareSerial.h>

const byte rxPin = 2;
const byte txPin = 3;
SoftwareSerial puertoSerie = SoftwareSerial(rxPin, txPin)  // Creamos la instancia
definiendo los pines

void setup()
{
  pinMode(rxPin, INPUT);
  pinMode(txPin, OUTPUT);
  puertoSerie.begin(9600);   // Definimos la velocidad
  ......
}
```

Independientemente del sistema que utilicemos las siguientes instrucciones serán las mismas con la única diferencia del objeto a usar que en el puerto estándar de Arduino es "*Serial*" y con "*SoftwareSerial*" sera la que definamos, en nuestro ejemplo "*puertoSerie*", lo que nos permitirá migraciones sencillas si queremos pasar del puerto estándar al uso de otros pines.

Tabla W: Funciones comunicación

Función	Descripción
available()	Bytes disponibles para leer en el buffer.
read()	Lee un carácter.
peek()	Igual a read pero no lo elimina del buffer.
write()	Escribe un byte
print()	Envía una cadena de caracteres
println()	Envía una cadena de caracteres que finaliza con nueva linea

end()	Desconecta el puerto.
	Funciones especiales de SofwareSerial.h
listen()	Permite seleccionar el puerto que escuchara, ya que solo un puerto serie puede escuchar a la vez. Los datos que llegan a los otros puertos (no en listen) serán descartados.
isListenig()	confirma si el puerto esta a la escucha.

El acceso a consola del puerto serie se puede realizar con la consola que esta integrada en nuestro IDE, cuando lo tenemos conectado al USB de programación, pero también se puede realizar con programas externos.

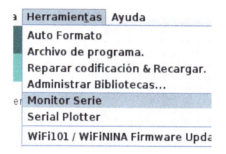

Desde Windows utilizaríamos herramientas externas como *KiTTY, PuTTY* y desde Linux podemos usar varios comandos de consola como: *minicom, screen* y también *PuTTY.*

9.1.1 Puerto serie ESP32

En el ESP32 dispondremos de tres **UART**, que funcionan a nivel TTL 3.3V:

- **UART0** (Serial) es el utilizado para la carga de los programas y seria el *Serial* de Arduino.

  - *Tx* GPIO1

  - *Rx* GPIO3

- **UART1** (Serial1) Dispondrán de dos pines (CTD y RTS) que con IDE-Arduino no se utilizaran.

  ○ Tx GPIO10

  ○ Rx GPIO9

  ○ CTS Preparado para emitir. GPIO6

  ○ RTS Petición para emitir.   GPIO11

  Estos pines suelen estar conectados a la memoria Flash por lo que no deberemos utilizarlo.

- **UART2** (Serial2)

  ○ Tx GPIO17

  ○ Rx GPIO16

  ○ CTS Preparado para emitir. GPIO8

  ○ RTS Petición para emitir.   GPIO7

  Es el que se recomienda usar.

En el ESP32 podremos definir los pines que deseemos utilizar, siempre que admitan entrada y salida, y para esto usaremos la librería "*HardwareSerial.h*".

```
#include <HardwareSerial.h>

HardwareSerial Puerto(2);  // Se asigna el UART2
#define RX     6
#define TX     17

void setup()
{
   Puerto.begin(9600, SERIAL_8N1, RX, TX);

   ......
}
```

Después de definir los pines y la configuración de conexión, trabajaremos igual que en Arduino.

En el ejemplo *EjSerie* podemos ver un ejemplo de comunicación entre un Arduino y un ESP32 mediante el puerto serie.

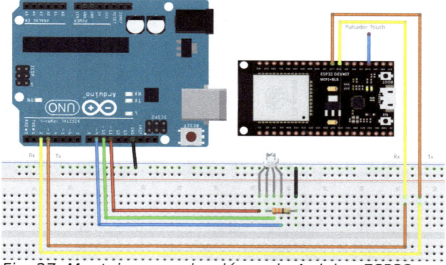

Fig. 27: Montaje comunicación serie Arduino-ESP32

El ejemplo es muy sencillo el ESP32 tiene un pulsador mediante una conexión Touch, la cual se explica en 10.1 Touch (pulsador capacitivo), producirá que un led, tipo RGB, cambie el color a cada pulsación del pulsador Touch y el control del LED sera mediante el Arduino según le llegue información de pulsaciones del ESP32 por el puerto serie.

Vamos a explicar los pasos que hemos realizados para realizar el código, relacionado con la programación Serie, y detalles para saber enfrentarnos a la programación de comunicaciones.

1. Lo primero es definir el protocolo, en nuestro caso muy sencillo, el ESP32 envía una 'P' cuando se pulsa.

2. Se realiza el programa pero primero lo conectaremos a una consola para ver que se envía lo que deseamos, en este caso es muy sencillo pero en protocolos más avanzados interesa ver el funcionamiento antes de añadir segundos elementos e incluso a veces utilizaremos emuladores de protocolos que muchas veces realizaremos nosotros.

Podemos ver como la consola indica que se envía mensaje al Arduino, cuando pulsamos el Touch, y en el *minicom* que captura el enlace que pondremos en el Arduino aparece una 'P'. Lo que nos valida que el protocolo y la comunicación es correcta.

3. Realizaremos primero el código de nuestro Arduino, la parte de comunicación para ver que nos llega el mensaje que se enviaba al *minicom* y ahora sera al Arduino.

También tenemos otro ejemplo, para la programación de la EEPROM, que nos permite comunicarnos con nuestro PC y es el ejemplo *Config_Serial* en el que también están los programa en C para ejecutarlo en el PC.

9.2   I2C

Es un interfaz de comunicación desarrollado por Phillips, también llamado TWI, con dos cables:

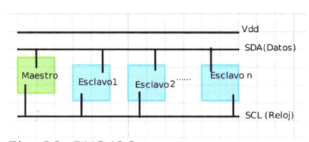

Fig. 28: BUS I2C

- SDA (a veces llamada SDI): Datos.

- SCL (también llamada SCK): Reloj.

Permite la conexión de hasta 128 dispositivos y que utilizaremos con muchos elementos externos (sensores y actuadores).

El reloj (SCL) marca cada pulso en alto que lea SDA, es el maestro quien controla este cable, y el mensaje se compone de una trama de dirección y una o varias de datos.

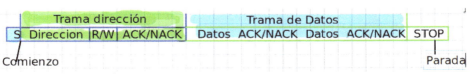

Fig. 29: Mensaje I2C

- Trama Dirección

  ○ Dirección 7bits (128 Dispositivos)

  ○ R/W 0 Maestro va enviar datos y 1 recibe información.

  ○ ACK/NACK lo en envía el receptor.

- Trama Datos 8bits (Los envía tanto el esclavo como el maestro según R/W de la trama de dirección.)

  ○ Datos

  ○ ACK/NACK un 0 por el receptor indica que correcto.

Funciona con una arquitectura Maestro-Esclavo, el maestro (normalmente nuestro Arduino o ESP32) se conecta a los esclavos (cada uno de ellos tienen una dirección única) que están conectados en el BUS I2C. El maestro es el que inicia la comunicación hacia alguno de los esclavos que se encuentran en el bus.

Es un *BUS* de comunicaciones muy practico pues requiere solo de dos cables, siempre que no deseemos una gran velocidad ni una comunicación full-Duplex.

Es recomendable conectar una resistencia de Pull-Up de 4.7K en los cables SDA y SCL.

En el Arduino UNO tendremos solo un bus I2C que estará en:

- SDA pines *A4*

- SCL o SCK pin *A5(SCK)*

En cambio en el ESP32 dispondremos de dos buses con los siguientes pines por defecto y que si deseamos podremos modificarlos si se desea:

- Bus0 (SCL→GPIO22 y SDA→ GPIO21)
- Bus1 (SCL→ GPIO19 y SDA→ GPIO18

Pudiendo trabajar ambos como maestro o esclavo.

Ademas en el ESP32 podremos definir la velocidad de comunicación ya sea la estándar (100kbits/s) o velocidad rápida (400kbits/s) aunque lo normal es que siempre trabajemos con la estándar.

La programación en principio es la misma en el Arduino y en el ESP32 con algunos detalles que comentamos. Para ambos utilizaremos la librería "*Wire.h*" que nos dará el objeto *Wire* con el que trabajaremos, en el ESP32 este objeto estará vinculado al bus0 con los pines por defecto y existirá otro que es Wire1 que corresponde como seguro nos hemos imaginado al bus1 y los pines por defecto. Solo tendremos que iniciarlo con "*begin*" para especificar si trabajara como maestro o esclavo.

```
#include <Wire.h>

// Inicialización
Wire.begin();          // Comportamiento como Maestro
Wire.begin(Dirección)  // Comportamiento como Esclavo, y especificamos la dirección de
este
```

En el ESP32 se recomienda utilizar es el objeto *TwoWire* para crear una instancia del bus I2C y así poder asignar los pines *GPIO* y velocidad.

```
#include <Wire.h>

#define I2C_Freq 100000   // Velocidad Estándar

// Declaración de los objetos
TwoWire I2C_1 = TwoWire(0);     // Para el Bus0
TwoWire I2C_2 = TwoWire(1);     // Para el Bus1

// Inicialización
I2C_x.begin(SDA,SCL,I2C_Freq);        // Definición como maestro.
I2C_x.begin(direccion, SDA,SCL,I2C_Freq); // Definición como esclavo en el que definimos su
dirección.
```

Una vez que hemos definido como se comportara nuestro dispositivo, vemos que las diferencias son mínimas, comenzaremos la programación.

Lo primero que veremos es los fragmentos típicos de código en los maestros

```
// Envió de información a un esclavo.
Wire.beginTransmission(direccion); //Se manda la información al esclavo especificado en la
dirección
  Wire.write(x);     // Mandamos un byte
  Wire.write("Datos");  // Se envía la cadena "Datos"
Wire.endTransmission();      // Finaliza la transmisión

// Recepción de información.
Wire.requestFrom(direccion, nbytes);  // Solicita n bytes al esclavo de la dirección especificada.

while (Wire.available())
{
   Wire.read();
}

if (2 <= Wire.available()) { // if two bytes were received
   reading = Wire.read(); // receive high byte (overwrites previous reading)
   reading = reading << 8;   // shift high byte to be high 8 bits
   reading |= Wire.read(); // receive low byte as lower 8 bits
   Serial.println(reading);   // print the reading
  }
```

Como vemos en la recepción de información primero se le solicita al esclavo los bytes que le tienen que transmitir.

Para los dispositivos esclavo tendremos que definir dos funciones que serán llamadas bien cuando nos llegan datos *"onReceive"* o cuando el maestro nos requiere datos *"onRequest"* y las asignaremos a la recepción de eventos del objeto Wire cuando definíamos que es un esclavo.

```
Wire.onReceive(eventoRecepcion); // Asignamos la función que sera llamada cuando llegan
datos
Wire.onRequest(eventoPideDatos);  // Asignamos la función de solicitud de datos


// Función de tratamiento de eventos de recepción de datos
void eventoRecepcion(int datos)
{
    // Nos informa del numero de bytes recibidos.
    // Ponemos código de tratamiento
}

// Función tratamiento evento de solicitud de datos.
void eventoPideDatos(void)
{
    // En esta función pondremos todos los datos a enviar en la solicitud.
    Wire.write("Datos a Enviar");

}
```

Tenemos un ejemplo *Ej12C* en el que el Arduino actúa de dispositivo I2C maestro, no tendrá dirección, y el ESP32 como I2C esclavo al que le asignaremos una dirección para que el maestro sepa comunicarse con el.

En este ejemplo el Arduino es el que inicia las comunicaciones (actuara como maestro), al pulsar el botón, enviando al esclavo el comando "1" que obtendrá la medición del potenciómetro que retornara al maestro a la vez que apaga el LED. Cuando el maestro recibe el valor enviado por el esclavo se dibujara en el display y envía "2" al esclavo para decir que todo correcto y que así este vuelva a encender el LED.

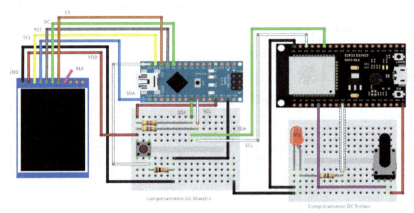

Fig. 30: Montaje EjI2C

9.3   SPI

Es otro BUS de comunicaciones con propósito similar a I2C, en este caso es un bus de tres cable más otro para seleccionar el esclavo, tantos pines de selección como esclavos tengamos.

Fig. 31: BUS SPI

- **CS o SS**: Selector, es necesario una por cada esclavo

- **SCK** : Reloj

- **MOSI**: Entrada maestro.

- **MISO** : salida esclavo.

Tiene la desventaja frente al I2C de requerir un cable por cada esclavo pero ofrece la ventaja de ser más rápido y full-Duplex.

Los pines en el Arduino UNO serán:

- CS o SS En D10 Es selector de esclavo por defecto ya que tendremos uno por cada esclavo a tratar.
- SCK en el pin D13
- MOSI en el pin D11
- MISO en el pin D12

En el ESP32 en cambio dispondremos de 3 buses SPI, aunque uno no se podrá utilizar por tratarse del bus que usa la memoria Flash externa. Al igual que pasaba con el I2C en el ESP32 se podrá definir otros pines pero los que normalmente usaremos son:

- Bus HSPI: SS→GPIO15, MOSI→GPIO13, MISO→GPIO12 y SCK en el GPIO14.
- Bus VSPI: SS→GPIO5, MOSI→GPIO23, MISO→GPIO19 y SCK en el GPIO18.

```
SPI.begin(CLK, MISO, MOSI, SS);
```

Para programar el bus SPI utilizaremos la librería "*SPI.h*" y la iniciaremos con el método ya conocido "*begin*" sin necesidad de parámetros en nuestro Arduino.

```
#include <SPI.h>
SPI.begin();     // En Arduino usa los pines por defecto de SPI.

// No olvidar definir los pines de Selección como salida
pinMode(PinSeleccion, OUTPUT);
```

En el ESP32 debido a que tenemos varios buses SPI, 3 de los cuales usaremos solo 2, y que ademas puede definir los pines se tratara un poco distinta la inicialización del bus SPI.

```
// Creamos objeto de los bus que usaremos.
SPIClass * vspi = NULL;
SPIClass * hspi = NULL;

// En la función setup, ya que se define el bus solo una vez
vspi = new SPIClass(VSPI);
  hspi = new SPIClass(HSPI);

vspi->begin();    // Utiliza los pines por defecto del bus
vspi->begin(VSPI_SCLK, VSPI_MISO, VSPI_MOSI, VSPI_SS); // Definimos los pines

// No olvidar definir los pines de Selección como salida
pinMode(vspi->pinSS(), OUTPUT);
```

Una vez esta inicializado el bus ya podremos enviar y recibir datos.

```
// Antes de enviar datos seleccionaremos el esclavo a bajo y finalizado lo
deseleccionamos
SPI.beginTransaction(SPISettings(20000000, MSBFIRST, SPI_MODE0));
digitalWrite(PinSeleccion, LOW);

retorno = SPI.transfer(Dato);
retorno = vspi->transfer(dato)    // En el ESP32

digitalWrite(PinSeleccion, HIHG);
SPI.endTransaction();
```

El método *transfer* nos permite enviar y recibir datos del esclavo previamente seleccionado.

10   ESPECIALES ESP32

La plataforma ESP32 dispone de algunas características incluidas que en el Arduino UNO tendríamos con hardware adicional, como son:

1. Pulsadores capacitivos.

2. Salida analógica DAC

3. Bluetooth

4. WIFI

10.1 Touch (pulsador capacitivo)

El ESP32 nos permite realizar botones táctiles, con Arduino deberemos usar dispositivos capacitivos externos como el TTP223 por ejemplo, ya que se activan con la variación de carga eléctrica por ejemplo de nuestro cuerpo. Muchas veces tendremos nuestro ESP32 en sueño profundo (mínimo consumo) y se despierta y realiza una acción al activarse uno de estos pines.

```
int Resultado = TouchRead(GPIOx); // Lee valor GPIO x
int Resultado = TouchRead(Tx); // Lee valor del Touch x

// Para definir Una función CallBack a la que llamar cuando se pulsa y baja de cierta
sensibilidad
#define SENSIBILIDAD 40
touchAttachInterrupt(Tx, callback, SENSIBILIDAD);
```

No es una entrada digital ya que retorna un valor analógico, que se aproximara a cero cuando lo toquemos.

Según las pruebas realizadas, cada uno deberá realizar las suyas pues dependerá del cable y la superficie táctil que ponga. Lo valores normalmente obtenidos son que si el valor esta por encima de 50 es que no tocamos nada y por debajo de 20 se esta tocando, tendremos otros valores si se toca por ejemplo el plástico que recubre el cable.

Disponemos de 10 pines con esta características, debiendo evitar el uso del Touch1 ya que el GPIO0 no se encuentra en algunas placas.

Tabla X: GPIOs Touch

GPIO Touch	Observaciones
GPIO 4	Touch 0.
GPIO 0	Touch 1 Nos disponible en la placa de 30 pines.
GPIO 2	Touch 2
GPIO 15	Touch 3
GPIO 13	Touch 4
GPIO 12	Touch 5
GPIO 14	Touch 6
GPIO 27	Touch 7
GPIO 33	Touch 8
GPIO 32	Touch 9

Un primer ejemplo que podemos realizar con las entradas *Touch* es tan simple como conectar un cable al pin de un *Touch* por ejemplo el T3 (GPIO15) y realizar un simple pulsador.

```
#define UMBRAL   20
#define PIN_TOUCH T3

void setup()
{
  Serial.begin(115200);
}
void loop()
{
  int valor = touchRead(PIN_TOUCH);
  Serial.println(valor);
```

```
   delay(1000);
}
```

Si en el extremo ponemos algún objeto conductor, como por ejemplo una capsula de café usada, ya que tendrá una cierta humedad y permite dar conductividad, podemos montar botones originales (OJO verificar siempre los umbrales para configurar el correcto en cada caso) de forma sencilla.

Tenemos un ejemplo básico *EjTouch* en el que se puede ver como hacer un pulsador de una entrada Touch, con un solo cable.

Podemos ver un ejemplo de uso en *EjSerie* y como ejercicio proponemos cambiar el pulsador de **EyS_Analog** por un Touch.

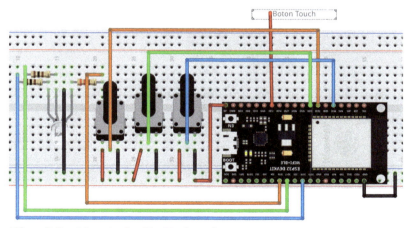

Fig. 32: Montaje EyS_Analog

10.2 Salida analógica "DAC"

Con PWM simulamos una salida analógica, con un DAC se produce de verdad una salida analógica, solo disponible en ESP32 y en el caso de Arduino deberíamos utilizar circuitos como PCF8591 o MCP4725 por ejemplo.

En el ESP32 tendremos dos DAC de 8 bits(0-255) y que se encuentran en el *GPIO25 (canal1) y el GPIO26 (Canal2)* y el rango estará entre 0 y 3.3V(sera un poco menor).

Su programación es muy sencilla y consiste en usar la función *"dacWrite"* con el GPIO y el valor a entregar recordando que 0 sera 0 voltios y un 255 sera 3.3voltios.

```
// Enviar salida analógica
dacWrite(GPIO,Valor)
```

La mejor forma de probarlo es poner un voltímetro en la salida y realizar este simple programa

```
void setup()
{
  Serial.begin(115200);
}

void loop()
{
  for (int V = 0; V < 256; V++)
  {
    dacWrite(25, V);
    delay(10);
  }
}
```

Y sino quisiéramos usar el polímetro podríamos unir esta salida a una entrada ADC, por ejemplo al GPIO32 que pertenece al ADC1 Canal 4, y visualizar el resultado por consola.

```
int IO2 = 2;

void setup()
{
   Serial.begin(115200);
}

void loop()
{
   float valor;
   for (int V = 0; V < 256; V++)
   {
      dacWrite(25, V);
      valor = analogRead(32);
      Serial.println(valor);
      //  Serial.println("Pra el valor: "+String(V)+" el voltaje es: " + String(valor));
      delay(10);
   }
}
```

Esto nos permitirá también ver la gráfica que se forma y si queremos, basta con quitar el comentario a la linea del ejemplo, ver la relación valor-Voltaje.

10.3 Bluetooth

El ESP32 viene con Bluetooth incorporado, lo que nos permitirá conectarnos de forma inalámbrica. Es compatible con los dos estándares principales:

* Bluetooth (Clásico)

* BLE (Bluetooth LE). El "LE" significa Low Energy

Para Arduino UNO deberemos utilizar módulos externos que nos permiten disponer de bluetooth como son: HC-05(Clásico) o HM-10 (BLE) según nuestras necesidades.

En el protocolo Bluetooth se tienen dispositivos que trabajan como "*maestros*" y dispositivos que son "*esclavos*" a los que llamaremos modo de trabajo o rol.

- **Un esclavo** espera a que un maestro se conecte a el.
- **El maestro** sera el que inicia la conexión con el esclavo.

Lo más habitual es conectar un maestro con un esclavo, pero puede interesarnos conectar un maestro con varios esclavos y le llamaremos red "Piconet".

Los dispositivos se identifican con una dirección de 48 bits (12 valores de 6 bytes) pero también pueden utilizar un nombre simbólico que facilitara su identificación.

Como hemos comentado ademas de la forma clásica el ESP32 también permite que programemos nuestro Bluetooth en modo BLE (Publicador – Observador) es perfecto si son distancias cortas y pequeños paquetes y es bastante útil si precisamos reducir el consumo de energía.

10.3.1 Clásico

Utilizaremos la librería "*BluetoothSerial.h*" para el funcionamiento en modo "***ESP32 Serial Bluetooth***" y los actores que tenemos son: un ***maestro*** y uno o varios ***esclavos***. La programación que realizaremos del modelo clásico es con el protocolo de puerto serie (*SSP*) que facilita el envió y recepción de datos al cumplir con las especificaciones de un protocolo serie.

```
// Declaramos el archivo de encabezado para Bluetooth Serial.
#include <BluetoothSerial.h>

BluetoothSerial BT;      // Declaramos el objeto Bluetooth

// Inicializa y define nombre, por regla general en setup()
BT.begin("Nombre que del dispositivo");      // Para modo Esclavo
BT.begin("Nombre que del dispositivo",true);    // Para modo Maestro


// Funciones para el manejo de la comunicación y que normalmente estarán en loop()
BT.available()      // Retornara true si disponemos de datos.

byte = BT.read();    // Lectura de un byte
BT.write(byte);        // Escritura de un byte

//************* Modo Maestro
BT.connect(nombre);    // Conexión por nombre
BT.connect(dirección); // Conexión por dirección   Es mas rápido que por nombre.


BT.disconnect()  // desconexión
BT.connect()     // Reconexión
```

Este modo es muy simple y es como estar comunicándose con un puerto serie.

Podemos definir una función callBack que sera llamada cuando ocurra alguno de los eventos para la que esta definida.

```
// Función a la que se llama cuando se genera un evento de los definidos en la lista
void funcioncallback(esp_spp_cb_event_t evento, esp_spp_cb_param_t *param)

// Registro de la función callBack para que esta pueda ser llamada.
BT.register_callback(funcion_callback);
```

Tabla Y: Eventos Bluetooth

Evento	Descripción
ESP_SPP_INIT_EVT	Cuando el modo SPP es inicializado
ESP_SPP_UNINIT_EVT	Cuando el modo SPP es desinicializado
ESP_SPP_DISCOVERY_COMP_EVT	Cuando se completa el descubrimiento de servicios
ESP_SPP_OPEN_EVT	Cuando un cliente SPP abre una conexión
ESP_SPP_CLOSE_EVT	Cuando se cierra una conexión SPP

ESP_SPP_START_EVT	Cuando se inicializa el servidor SPP
ESP_SPP_CL_INIT_EVT	Cuando un cliente SPP inicializa una conexión
ESP_SPP_DATA_IND_EVT	Al recibir datos a través de una conexión SPP
ESP_SPP_CONG_EVT	Cuando cambia el estado de congestión en una conexión SPP
ESP_SPP_WRITE_EVT	Al enviar datos a través de SPP.
ESP_SPP_SRV_OPEN_EVT	Cuando un cliente se conecta al servidor SPP.
ESP_SPP_SRV_STOP_EVT	Cuando el servidor SPP se para.

La programación con la función callBack nos puede liberar de código en el "loop" al no tener que estar comprobando constantemente si nos llegan datos, bastara con espera que salte la función CallBack (que hemos definido) con el evento "ESP_SPP_DATA_IND_EVT" que indica que se están recibiendo datos.

```
// Esquema básico de ESP32 como maestros
#include <BluetoothSerial.h>
BluetoothSerial BTMaestro;
uint8_t direccion[6] = {0xAA, 0xBB, 0xCC, 0xDD, 0xFF, 0xAF}; // Si se quisiera conectar por dirección.
String nombreEsclavo ="ArdEsclavo";
char *pinEsclavo = "0987";
bool conectado;


// En la función setup
BTMaestro.begin("ESP32Maestro", true);
BTMaestro.setPin(pinEsclavo);
conectado = BTMaestro.connect(direccion);     // En caso de que se quiera conexión por dirección
conectado = BTMaestro.connect(nombreEsclavo);

// Con firmamos conexión o esperamos, por dirección unos 10 segundos y nombre unos 30 segundo
if(conectado)
{
    Serial.println("Conexión satisfactoria");
}
else
{
    while(!BTMaestro.connected(10000)) { Serial.println("Fallo conexión ver si esta en rango");}
}

// Como esclavo es mas simplemente
BluetoothSerial BTEsclavo;
BTEsclavo.begin("ESP32Esclavo");
if (BTEsclavo.available())      // Nos llegan datos solo tenemos que tratarlos
```

10.3.2 Clásico en Arduino (HC-05)

El módulo Bluetooth HC-05, puede trabajar con Bluetooth-Clasico en modo Esclavo o Maestro, de fabrica viene configurado como esclavo, el modo de funcionamiento así como otras configuraciones se cambiaran mediante comandos AT enviados al dispositivo: Modo(Maestro o esclavo), Nombre del dispositivo o código de emparejamiento entre otros.

Tabla Z: Conexión HC-05

Pin	Descripción
Vcc	Alimentación a 5V
GND	Masa
TxD	Transmisión y ira al RxD de la otra parte.
RxD	Recepción y va al TxD del la otra parte
KEY	En Alto modo comando.
LED	Led para comprobar estado

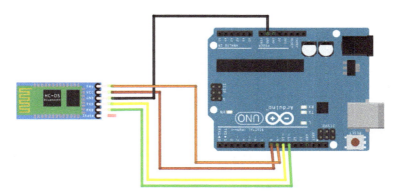

Fig. 33: Montaje Hc05

Para configurar este dispositivo HC-05, es decir que entre en modo comando AT, se debe activar mediante el Pin-Key a HIGH y encenderlo. Podemos realizarlo a mano o con el programa de ejemplo *ConfigurarHc05*, una vez configurado solo es necesario encenderlo y este Pin-Key tenerlo desconectado o a masa para que entre en modo funcionamiento. El ejemplo de configurar tiene la función modo_Comando para pasar de uno a otro modo sin necesidad de apagar y encender nosotros, así como funciones de ayuda para el envió y recepción de datos en el dispositivo.

La lista de comandos de configuración es amplia y estos son los que normalmente utilizaremos.

Tabla AA: Comandos AT HC-05

Comando	Descripción
AT	Test de conexión UART, retorna OK si todo es correcto.
AT+RESET	Reset del dispositivo
AT+VERSION	Versión del dispositivo.
AT+ORGL	Restablece Valores de Fabrica
Si a los siguientes comandos sustituimos =<campo> por una interrogación '?' nos dará lo configurado	
AT+NAME=<Nombre>	Ponemos nombre al dispositivo
AT+PSWD=<"Pin">	Configuramos Pin
AT+ROLE=<Role>	Definimos el Rol de trabajo: 0→Esclavo y 1->Maestro
AT+CMODE=<Mode>	Como conecta el maestro, 0→ dispositivo especifico 1→Aleatorio.
AT+BIND=<Dirección>	Dirección a la que nos conectamos en CMODE=0
AT+UART=<Baud> ,< StopBit>,< Parity>	Configuración de comunicación.
AT+ADDR?	Dirección de nuestro modulo

Podemos conocer el modo en el que se encuentra este modulo por el parpadeo del LED:

- Parpadeo lento modo comando.
- Parpadeo rápido desconectado.
- Doble parpadeo, se ha establecido una conexión.

```
Configuraciones HC05
AT+RESET        Ponemos en las opciones de Fabrica (opcional)
AT+NAME=NombreHC05
AT+PSWD=Clave
AT+UART=9600,0,0     //57600,0,0

     Maestro
AT+ROLE=1
AT+CMODE=1

     Esclavo
AT+ROLE=0
AT+CMODE=1      // Para cualquier dispositivo, con 0 especificamos a cual se puede
conectar.
```

10.3.3 BLE

En el escenario de programación Bluetooth en modo BLE nos encontramos con los siguientes actores:

- **Servidor(Esclavo)** anuncia su existencia y espera que un cliente se conecte a el para iniciar la comunicación.

- **Cliente (Maestro)** busca los servidores que entran en su rango de acción y se conecta a los de su interés para iniciar la comunicación.

Los modos de comunicación serán:

- **Punto a punto** (Servidor—Cliente)

- **Difusión** el servidor transmite datos a muchos clientes.

- **Red de malla** todos con todos.

10.3.3.1   *Terminología BLE*

El modelo Bluetooth BLE esta jerarquizado y totalmente estructurado y se define en el protocolo de acceso **GAP** (General Access Protocol) y dispone de varios roles:

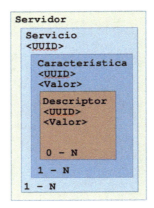

- **Dispositivos periféricos**: Son dispositivos esclavos(servidor) que pueden conectarse a otros dispositivos, que llamaremos dispositivo central, ejemplo un sensor una llave de proximidad, etc.

  Un servidor tendrá uno o más servicios, identificados con su UUID, y pertenecerán a un perfil SIG (Special interest Group) que permite clasificar los servicios, a su vez cada servicio tendrá una o más características y estas tendrán sus propiedades y valores así como cero, uno o varios descriptores que son los atributos de las características.

  - **Broadcaster**: El dispositivo que emite paquetes de disponibilidad e información para que otros nodos puedan conectarse a el. Un nodo *Broadcaster* no puede conectarse a otros dispositivos solo pueden conectarse a el.

  - **UUID** (Universal Unique Identifier) Identificador de 16 bytes(128 bits) con un formato hexadecimal de "xxxx-xx-xx-xx-xxxxxx" que nos permite definir un servicio o dato.

    - **UUID de servicio**, un servidor podrá contar con uno o varios servicios identificados con un UUID.

Podremos generar nosotros un UUID desde la página *https://www.uuidgenerator.net* nuestros UUIDs.

- **UUID de características**, que son las funciones o parámetros del servicio y podremos tener una o varias por servicio. Podemos decir que una característica es registro (Identidad=Valor) de forma que un dispositivo podrá leer el valor de la característica o cambiar su valor si esta es de escritura.

  Un ejemplo solo lectura seria un sensor de temperatura que tendría una característica "Temperatura" que podrá ser leída pero no podrá ser cambiada.

  También podría ser una característica de escritura si tenemos un actuador al que le tenemos que decir que abra o cierre una puerta por ejemplo, en este caso podría ser Lectura/escritura y así preguntarle si esta abierta y en en ese caso por ejemplo solicitar cerrarla.

- **UUID Descriptor**, son los atributos de la características y no son obligatorios, por lo tanto podrán existir cero, uno o varios por característica, y suelen definir como se accede a ella.

  - BLE2902 con UUID 0x2902 que se usa en los clientes que tiene un bit que le indica al servidor si puede o no enviar notificaciones. Así si un cliente no desea recibir notificaciones lo especificara con este descriptor y evitaremos que el servidor gaste esfuerzo en enviar notificaciones con información que el cliente no va a utilizar.

Estos UUID están definidos en el protocolo GATT(Perfil de atributos genéricos) que realiza la transmisión y los

podemos ver en
https://www.bluetooth.com/specifications/assigned-numbers/

Así cuando un dispositivo se empareja identifica la información que puede compartir mediante los UUID.

- **Dispositivo central**: Son los dispositivos maestros(clientes) a los que se conectan los dispositivos periféricos, y son los que controlan la conexión.

    Serán los dispositivos que escanean en busca de servidores que se encuentran en su rango de acción para así conectarse a los servicios de los servidores que desee.

    ○ **Observer(Observador)**: El dispositivo rastrea la disponibilidad de *Broadcaster* en sus proximidades e informa a la aplicación.

- **BLE Advertising** : Le indica al dispositivo que se haga visible para que se pueda emparejar.

- **Beacon**: Anuncia su identidad para poder emparejarse.

10.3.3.2   *Programación de un Scan*

Al realizar un escaneo con el método *"start"* de la clase *BLEScan* tendremos una instancia ", que contiene la información de cada dispositivo encontrado y podremos preguntarle varias cosas.

Esto lo podemos ver en el ejemplo **BLEScanESP32.** El Scan nos permitirá obtener información de nuestros dispositivos al alcance (dirección, servicios, características, etc) para luego usar esta información en la programación de nuestros clientes y servidores y también depurar nuestros desarrollos.

```
// Preparación Scan
BLEScan *pBLEScan;
pBLEScan = BLEDevice::getScan();
pBLEScan->setAdvertisedDeviceCallbacks(new CallbacksScan()); //Llamara al método
onResult de la clase
                                                // CallbacksScan que
definiremos cada
                                                // vez que se encuentre un
dispositivo.
pBLEScan->setActiveScan(true);
pBLEScan->setInterval(100);
pBLEScan->setWindow(99);

// Realiza el Escaneo
BLEScanResults *dispositivosEncontrados = pBLEScan->start(scanTime, false);


// Métodos de BLEScanResults
getCount()     // Numero de resultados obtenidos
BLEAdvertisedDevice = getDevice(indice)    // Recogemos información de dispositivos

// Información de los dispositivos encontrados BLEAdvertisedDevice
getName()     // Nombre dispositivos, muchas veces da Vació.
getAddress() // Dirección retorna clase BLEAddress  (usar toString() para legible.
getRSSI()     // RSSI (Received Signal Strength Indicator)
getTXPower() // Potencia
getServiceDataCount()     // Numero de servicios
getServiceData() getServiceData(indice) // Servicio
```

10.3.3.3   *Programación Servidor*

Un servidor estará en modo publicidad, para que los clientes detecten su existencia y ademas conozcan que servicios proporciona cuando entran en su rango.

Todo servidor tendrá un ID de hardware única con el siguiente formato AA:BB:CC:DD:EE:FF, similar a la MAC de las tarjetas de RED, ademas tendremos un identificador de servicio UUID del servicio que nos permitirán comunicarnos con el y también UUIDs con las características del servicio.

Los pasos para crear un servidor BLE:

```
//  Carga de cabeceras de las librerías a utilizar.
#include <BLEDevice.h>
#include <BLEServer.h>      // Biblioteca para usar BLE como servidor
#include <BLEUtils.h>
#include <BLE2902.h>

// Definimos los UUID de los servicios y características que tendrán nuestro servidor
#define UUID_SERVICIO        "XXXXXXXX-XX-XX-XX-XXXXXXXXXXXX"     // Por donde se anuncia
#define UUID_CARACTERISTICA "XXXXXXXX-XX-XX-XX-XXXXXXXXXXXX"

// Creamos el dispositivo BLE
BLEDevice::init("Nombre de nuestro equipo BLE");    // Inicializamos el dispositivo con un nombre
```

1. Generar los UUIDs de los servicios y las características.

2. Creamos el servidor BLE (BLEServer) con *createServer.*

```
BLEServer* pServidor = BLEDevice::createServer();  // Crea Servidor
```

3. Creamos los servicios BLE (BLEService) con *createService*

```
BLEService *pServicio = pServidor->createService(UUID_SERVICIO);
```

4. Creamos las características del servicio (BLECharacteristic) con *createCharacteristic.*

```
BLECharacteristic* pCaracteristica = pServicio->createCharacteristic(
UUID_CARACTERISTICA,
BLECharacteristic::PROPERTY_READ    |
BLECharacteristic::PROPERTY_WRITE   |
BLECharacteristic::PROPERTY_NOTIFY  |
BLECharacteristic::PROPERTY_INDICATE
);
pCaracteristica->setValue(valor)  // Podemos poner un valor inicial a la
característica.

// Otra forma de añadir características.
BLECharacteristic controlCaracteristica(
                          CONTROL_CHARACTERISTIC_UUID,
                          BLECharacteristic::PROPERTY_READ |
                          BLECharacteristic::PROPERTY_WRITE
                          );
pServicio->addCharacteristic(&controlCaracteristica);
controlCaracteristica.setValue(valor);
```

Las propiedades de las características pueden verse en la Tabla AB: Características de servicio

5. Creamos el descriptor (BLEDescriptor) de las característica mediante addDescriptor, si aplicara.

```
pCaracteristica->addDescriptor(new BLE2902());
```

6. Iniciamos el servicio (*start*)

```
pServicio->start();
```

7. Nos hacemos visibles para podernos emparejar
(BLEAdvertising) con *getAdvertising* y *startAdvertising*.

```
BLEAdvertising *pPublicidad = BLEDevice::getAdvertising();
pPublicidad->addServiceUUID(UUID_SERVICIO);      // Añade servicio que deseamos
sea publicado.
pPublicidad->setScanResponse(true); // Para que responda ante un escaneo.
pPublicidad->setMinPreferred(0x06);
pPublicidad->setMinPreferred(0x12);
BLEDevice::startAdvertising();
```

Un servidor no es necesario que se publicite si el cliente conoce
su dirección, este podrá solicitar su conexión en cualquier momento.

Las características también podrían tener clase *CallBacks*, para
recoger sus llamadas según el evento que se produzca en la
característica, que se llamarían al acceder a ellas con dos métodos
(onRead o OnWrite) según se solicite la lectura o escritura de esta y
añadir en estos la lógica que deseemos y que no solo se quede en un
cambio de valor de la característica.

```
pCaracteristica->setCallbacks(new MiCallbackCaracteristica()))

class MiCallbackCaracteristica: public BLECharateristicCallback
{
    void onRead(BLECharacteristic* pCharacteristic) {  // Acciones antes de que se
complete la lectura }
    void onWrite(BLECharacteristic* pCharacteristic) {  // Acciones a realizar una vez
escrito el valor }
}
```

Con el servidor creado lo que tendremos que hacer es gestionar
los servicios desde la función *loop()*

```
// Envió de valores, solo se emiten los 20 primeros bytes (Cantidad máxima de datos a
enviar)
 pCaracteristica→setValue(…..);
                  setValue(uint8_t* data, size_t size);
              setValue(std::string value);
              setValue(uint16_t& data16);
              setValue(uint32_t& data32);
              setValue(int& data32);
              setValue(float& data32);
              setValue(double& data64);

 pCaracteristica→notify();       // Notificamos al cliente que el valor de la
característica ha cambiado.
                                      // Existe otro método que es indicate()
que recibe confirmación
// Recibir valores de las características
String cadena =  pCaracteristica→getValue();

// Si se desconecta podemos reiniciar la publicación
pServidor->startAdvertising();
```

Tabla AB: Características de servicio

Característica	Descripción
PROPERTY_READ	El cliente puede leer el valor de esta característica
PROPERTY_WRITE	El cliente puede modificar el valor de esta característica
PROPERTY_NOTIFY	El cliente es notificado cuando cambia el valor, se usa junto a READ
PROPERTY_BROADCAST	Usada para emisiones, por ejemplo de audio.
PROPERTY_INDICATE	Como NOTIFY pero espera respuesta de cliente.

Podemos ver un ejemplo de servidor con 2 servicios, uno de ellos con una característica de notificación con el valor del potenciómetro en el ejemplo *BLEservidorESP32*.

10.3.3.4   Programación *Cliente*

En este caso no tendremos servicios sino que buscaremos dispositivos servidores BLE dentro del rango, con servicios para consumirlos.

Así que un cliente realizara una función de escaneo y una vez localiza algo que le interesa interacciona con el, esto podría ser una conexión al dispositivo encontrado para recoger o pasar información o simplemente saber cuando entra en rango y cuando se sale (el alcance normalmente es 10 metros para entrar en rango pero para poder conectarse estará en 3-4 metros) tenemos un ejemplo **_BLEclienteESP32_**.

Cuando encontramos un dispositivo miraremos si dispone del servicio que nos interesa y si queremos refinar más la dirección o nombre para asegurar que nos conectamos al dispositivo deseado.

Del servicio deseado obtendremos las características que nos interesan y podremos comprobar si son de lectura, escritura o incluso si son *Notify* en este caso es recomendable crear un callBack para que se ejecute cuando se notifica un cambio.

```
//******* Clase CallBack de notificación que es invocada cuando el servidor BLE nos
notifica algo
void callbackNotificacion(BLERemoteCharacteristic* pBLERemoteCharacteristic,
                          uint8_t* pData,              // Datos
                          size_t length,              // Longitud
de los datos
                          bool isNotify)
{
    pBLERemoteCharacteristic→getUUID().toString().c_str()   // UUID de la caracteristica
Remota.
}

// ******************** Recepción de notificaciones de una caracteristica
if(pCaracteristicaRemota→canNotify())    // Verificamos que la caracteristica puede
notificar.
    pCaracteristicaRemota→registerForNotify(callbackNotificacion);   // Registramos el
CallBack
```

10.3.4 BLE en Arduino (HM-10)

El módulo Bluetooth HC-10, es otro de los módulos que disponemos para poder dar Bluetooth a nuestros Arduino, en este caso permite trabajar como maestro y esclavo ademas de ser compatible con Bluetooth 4.0 que nos permitirá trabajar en modo BLE.

Tabla AC: Conexión HM-10

Pin	Descripción
STATE	Alto esta conectado.
RxD	Recepción, el otro lado TxD
TxD	Transmisión, el otro lado RxD
GND	Masa
Vcc	Alimentación 3.6V a 6V
EN	Poner a bajo para desconectar.

Lo configuraremos también se realiza con comandos AT.

10.4 WIFI

El ESP32 viene con WIFI incorporado, lo que nos permitirá o bien comunicarnos con otros dispositivos o acceder a internet. Igual que pasaba con Bluetooth el Arduino UNO podrá usar también la funcionalidad de WIFI si nos apoyamos en una placa externa, curiosamente estas placas suelen usar al hermano pequeño del ESP32 que es el ESP8266, como puede ser el módulo ESP-01.

No solo podremos utilizar esta característica para comunicarnos por WIFI, y ser un simple cliente que realice peticiones, sino que ademas podremos convertirlo en un pequeño servidor web que podrá tener una página que nos informe de los valores de sus entradas o actuar sobre sus salidas.

Lo primero que tendremos que hacer en nuestro programa es incluir la biblioteca "Wifi.h" para que nos permita trabajar en uno de los siguientes modos:

- **WIFI_STA (Modo estación)**: En este modo nos conectamos a un punto de acceso, nuestro router por ejemplo, para así poder conectarnos a otros dispositivos de la red o a internet si nuestro router tiene salida a internet. Este es el modo que utiliza nuestro PC normalmente.

- **WIFI_AP (Soft-AP) Modo punto de acceso**: En este caso se conectan a nuestro módulo otros dispositivos creando una red WIFI privada entre dispositivos dentro del alcance pero sin acceso a internet.

- **WIFI_STA_AP (Punto de acceso)**: Este punto de acceso a su vez esta conectado a otro punto de acceso.

La configuración del modo se realizara mediante la función "*WiFi.mode(modo)*"

Podemos ver el API completo de funciones WIFI del ESP32 en: *https://docs.espressif.com/projects/arduino-esp32/en/latest/api/wifi.html*

10.4.1 ESP SoftAP (Punto de acceso)

Para trabajar en este modo es tan sencillo como realizar las siguientes instrucciones.

```
WiFi.mode(WIFI_AP)      // Nos ponemos en modo punto de acceso
Wifi.softAP(ssid,clave) // Configura AP, si la clave es nula sera un AP abierto.
IPAddress IP = WiFi.softAPIP();      // Para conocer nuestra IP

// Podremos definir nuestra red
WiFi.softAPConfig(IP, Gateway, MASK)

// Opcionalmente podremos conocer cuantas estaciones se conectan a nosotros.
Wifi.PgetStationNum()

// Podremos definir nuestra Red
IPAddress     apIP(10, 10, 10, 1);
WiFi.softAPConfig(apIP, apIP, IPAddress(255, 255, 255, 0));
```

Podemos configurar el AP con más características usando la misma función *"softAP"* estos parámetros adicionales son:

1. *ssid*: Nombre del punto de acceso con un máximo de 63 caracteres.

2. *Clave*: Un mínimo de 8 caracteres o nulo para un AP abierto.

3. *Canal*: del 1-13 si se desea forzar.

4. *ssid_oculto*: con 1 si se desea ocultar.

5. *max_conexiones*: para limitar el numero de conexiones simultanea, teniendo en cuenta que lo máximo son 4.

Tenemos el ejemplo **WIFI_AP** en el que se puede ver como realizar una configuración personalizada, en la consola veremos los dispositivos que se conectan y cuantos están conectados en ese momento.

Para facilitar la programación y detectar cuando se produce un evento, por ejemplo la conexión de una estación, podemos usar funciones *CallBack* que capturen los eventos. Esto es muy sencillo, simplemente deberemos definir una función *CallBack* que capturara los evento y tendrá dos parámetros:

- *WiFiEvent_t*   Tipo de Evento que origina la llamada.

- *WiFiEventInfo_t*   Información del evento

Después definir el evento a capturar y la función a la que se llamara, definida anteriormente.

```
// Función Tipo a la que se llamara al producir el evento.
void Funcion_A_Llamar(WiFiEvent_t evento, WiFiEventInfo_t info)
{   ...........}

//Definir CallBack, en este caso evento cuando se conecta una estación
WiFi.onEvent(Funcion_A_Llamar,ARDUINO_EVENT_WIFI_AP_STACONNECTED);

//   Para Capturar todos los eventos
WiFi.onEvent(Funcion_A_Llamar)
```

Disponemos de 26 tipos de eventos.

Tabla AD: Eventos WIFI en modo AP

Evento	Descripción
ARDUINO_EVENT_WIFI_AP_START	AP iniciado
ARDUINO_EVENT_WIFI_AP_STOP	AP parado
ARDUINO_EVENT_WIFI_AP_STACONNECTED	Se conecta una estación al AP
ARDUINO_EVENT_WIFI_AP_STADISCONNECTED	Se desconecta una estación.
ARDUINO_EVENT_WIFI_AP_STAIPASSIGNED	Se asigna una IP
ARDUINO_EVENT_WIFI_AP_PROBEREQRECVED	Llega un paquete de sondeo.
ARDUINO_EVENT_WIFI_AP_GOT_IP6	Preferencia IP6

10.4.2 Estación "WIFI_STA"

En este modo nos conectarnos a un punto de acceso, lo primero que deberemos conocer es la información: nombre estación y clave de este.

Este modo es el típico en el que deseamos que nuestro dispositivo sea accesible por todos los dispositivos que se encuentren en nuestra red, ejemplos los ordenadores de nuestra casa, y a su vez este podrá acceder a internet para recoger o dejar datos. Si configuramos bien nuestro router y conocemos la IP publica de este podríamos tener acceso desde cualquier lugar del mundo.

El primer ejemplo de este apartado sera **WIFI_Scan** que realiza un escaneo de los puntos de acceso disponibles y que nos de información de los puntos localizados.

Las funciones de este ejemplo que nos interesa conocer, aunque el ejemplo esta bien comentado, son:

```
int n =WiFi.scanNetworks();  // Numero de redes localizadas.
WiFi.SSID(i);      // SSID de la Red
WiFi.RSID(i);      // Señal de la red
WiFi.encryptionType(i);    // Cifrado
```

Tipos de cifrados:

- WIFI_AUTH_WEP

- WIFI_AUTH_WPA_PSK

- WIFI_AUTH_WPA2_PSK

- WIFI_AUTH_WPA_WPA2_PSK

- WIFI_AUTH_WPA2_ENTERPRISE

Una vez que conocemos la red y la clave en el caso que no sea una red abierta, podremos conectarnos a ella. Debemos saber que el escaneo informa de las redes que tiene a su alcance pero lógicamente no las claves de acceso.

```
WiFi.mode(WIFI_STA);      // Nos ponemos en modo Estación
WiFi.begin(ssid, clave)

// Esperamos hasta que el estado sea conexión
while (Wifi.status() != WL_CONNECT) { delay(1000); }

// Obtenemos una dirección IP.
WiFi.localIP();

// Al igual que con el AP podemos configurar nuestra IP estática sino deseamos una dinámica.
IPAddress miIP(10, 10, 10, 124);
IPAddress gateway(10, 10, 10, 1);
IPAddress subnet(255, 255, 0, 0);
IPAddress DNSPrimario(8, 8, 8, 8);
IPAddress DNSSecundario(8, 8, 4, 4);
if (!WiFi.config(miIP, gateway, subnet, DNSPrimario, DNSSecundario))
{
  Serial.println("Fallo en la configuración");
}

// Personalizar el nombre del hostname
WiFi.setHostname(nombre.c_str);
```

La espera de conexión se puede mejorar para que no se quede en perpetuo si hay problemas de conexión, por ejemplo la estación a la que nos queremos conectar no existe, para esto miramos el estado de conexión y tomaremos una decisión.

Tabla AE: Estados WIFI

Evento	Descripción
WL_IDLE_STATUS	Asignado al ejecutar *begin*
WL_NO_SSID_AVAIL	SSID no disponible
WL_SCAN_COMPLETED	Escaneo realizado.
WL_CONECT	Conexión correcta

WL_CONNECT_FAILED	Fallo en la conexión
WL_CONEXIÓN_LOST	Perdida de conexión
WL_DESCONECTADO	Desconectado "disconnect()"

Otras funciones de WiFi que nos podrán ser útiles son:

- *disconnect()* Para desconectarnos.

- *Reconnect()* Nos reconectarmos.

Al igual que en el modo AP, también podremos capturar los eventos.

Tabla AF: Eventos WIFI en modo STA

Evento	Descripción
ARDUINO_EVENT_WIFI_READY	Interfaz WIFI preparado
ARDUINO_EVENT_WIFI_SCAN_DONE	Escaneo completado
ARDUINO_EVENT_WIFI_STA_START	Estación iniciada
ARDUINO_EVENT_WIFI_STA_STOP	Estación parada
ARDUINO_EVENT_WIFI_STA_CONNECTED	Estación conectada
ARDUINO_EVENT_WIFI_STA_DISCONNECTED	Desconexión de la estación
ARDUINO_EVENT_WIFI_STA_AUTHMODE_CHANGE	Modo autorización cambiado
ARDUINO_EVENT_WIFI_STA_GOT_IP	Obtiene IP
ARDUINO_EVENT_WIFI_STA_LOST_IP	Estación ha perdido la IP

Todo esto esta muy bien pero ahora debemos comunicarnos y realizar solicitudes, para esto usaremos *WiFiCliente* o *WiFiClientSecure* para comunicaciones cifradas, y como lo más normal es usar peticiones GET o POST con el protocolo HTTP/HTTPS a servidores lo que usaremos es *"HTTPClient.h"* y así nos evitamos montar todo el protocolo como se debería hacer si usáramos solo WiFiClient.

```
HTTPClient http;
//  Solicitud GET
```

```
http.begin(URL_COMPLETA_GET.c_str());    // Preparamos la URL con sus parámetros GET
int httpCodigoRespuesta = http.GET();    // Envía solicitud GET Y retorna negativo en
caso de error
print(http.getString);
http.end();


// Solicitud POST
WiFiClient cliente;
HTTPClient http;
http.begin(cliente, URL_Servidor);
http.addHeader("Content-Type", "application/x-www-form-urlencoded");    // Definimos la
cabecera.
//http.addHeader("Content-Type", "application/json");  //Cabecera contenido JSON

// Cargamos los datos de parámetros a enviar
String Parametros = "par1=Valor par1&par2=valor2";
int httpCodigoRespuesta = http.POST(Parametros);    // Envia solicitud POST

http.end();
```

Tenemos un ejemplo con GET, llamada POST-HTTPS con certificado en el ejemplo **WIFI_HTTP**.

10.4.3 ESP32 como servidor Web

Otra opción muy interesante que nos proporciona nuestro ESP32 es que lo podemos convertir en un pequeño servidor WEB que sirva páginas HTML que puedan ser vistas desde cualquier navegador.

Este servidor recibirá peticiones vía WIFI y enviara una pagina HTML con la información solicitada, lectura de un sensor, o simplemente informara del resultado de realizar una acción como por ejemplo cerrar o abrir una cerradura.

Para lograr esto utilizaremos nuestra librería "*Wifi.h*" y también "*WebServer.h*" esta ultima es la que nos permitirá tener un servicio WEB en nuestro ESP32.

Tenemos el ejemplo **_WIFI_ServidorWEB_** que genera una pagina
HTML con la información del estado de un led(encendido o
apagado) y ademas el valor de un potenciómetro (simulando por
ejemplo la temperatura de una habitación) y ademas desde esta
página podremos encender y apagar el led. En este ejemplo el
código HTML esta incrustado en nuestro código ESP32 pero
podríamos leerlo de un fichero grabado en memoria con los
conocimientos que adquirimos en el apartado 8.3.5 Subir ficheros a
nuestros "file-system".

Los pasos son muy sencillos:

1. Activar el WIFI en modo estación.

   Podríamos también conectarnos como punto de acceso, en
   este caso nuestros navegadores deberán conectarse a la red de
   ese punto de acceso.

2. Conectarnos a la WIFI de la red donde queramos poner
   nuestro servidor. Con su SSID y clave.

   Esto nos dará la IP a la que deberá de conectarse el
   navegador remoto.

3. Definimos el servidor con el puerto de conexión

4. Funciones generadoras de las paginas, sin olvidar la raíz y
   una para pagina no encontrada. Ver funciones de servidor.

5. Iniciamos el servidor.

6. En el loop invocamos a gestionar el servidor.

```
WebServer miServidor(80)  // Servidor en el puerto 80.

miServidor.on("/", fnRaiz);  // Para la pagina Raiz
miServidor.on("/prueba", fnPrueba);  // Para la pagina prueba
```

```
miServidor.onNotFound(PagNoEncontrada);   // Sin se solicita una pagina no definida

miServidor.begin();  // Iniciamos el servidor

// Dentro del Loop
miServidor.handleClient();

// Funciones generadoras de pagina
// send(codigo respuesta, formato, Texto)
// Formatos:  "text/plain", "text/html"
fnGeneraPagina()
{
    miServidor.send(200, "text/html", pagina);  // Para una pagina HTML, en variable
pagina
    miServidor.send(200, "text/plain", "Texto plano");  // Texto plano.


}
```

Tabla AG: Funciones servidor

Método WebServer	Descripción
on(URI, funcion)	Una URI sin parámetros, cualquier método
on(URI, metodo,funcion)	Solicitud con método concreto
Uri()	Retorna la URI solicitada.
method()	Método solicitado HTTP_GET, HTTP_POST, HTTP_PUT, HTTP_PATCH, HTTP_DELETE
args()	Numero de parámetro de la solicitud
hasArg(String)	Si existe ese parámetro,
arg(String)	Valor del parámetro solicitado
arg(int)	Valor del parámetro en la posición especificada.
argName(int)	Nombre del parámetro de la posición especificada
header()	Valores cabecera
hasHeader(String)	Si existe ese valor de cabecera.
header(String)	Valor de cabecera que se indica
header(int)	Valor de cabecera por posición
headerName(int)	Nombre del parámetro de cabecera de la posición especificada.

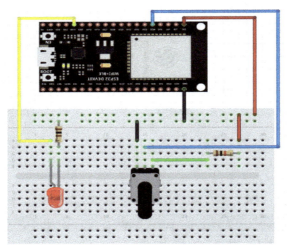

Fig. 34: Montaje WIFI Servidor WEB

10.4.4 Envía información a BBDD

En el apartado anterior hemos visto como montar un simple servidor web dentro de nuestro ESP32 al que nos conectamos y obtenemos los datos en tiempo real.

Muchas veces nos interesa almacenar datos de medidas para tener un histórico, pero estamos un poco limitados por la capacidad de memoria de nuestro ESP32. Una solución seria ponerle un almacenamiento externo como una tarjeta SD y otra mejor es enviar los datos a un servidor externo con capacidad de almacenamiento y procesamiento de datos.

Vimos como enviar y solicitar datos mediante el protocolo HTTP pero también podemos enviar datos con un protocolo propio. La idea es enviar datos a un pequeño servidor creado en Python, herramienta que tendremos instalada si usamos placas ESP32, este servidor grabara los datos recibidos en una BBDD.

Si deseamos almacenar datos históricos durante años, por ejemplo, o simplemente queremos cruzar los datos con otros ESP32 que se encuentra separados lo mejor es enviar estos a un servidor centralizado que almacene estos datos en una base de datos para su tratamiento posterior, este servidor puede ser un ordenador, una Raspberry Pi(pequeño ordenador) o un servidor en la nube.

Tenemos el ejemplo *WIFI_A_BBDD* que se compone de:

1. Un **Servidor** escrito en *Python*, que escuchara por un puerto (2809 por ejemplo) y salvara los datos recibidos a una Base de Datos "sqlite3" o a un fichero CSV que podremos abrir fácilmente con LibreOffice o excel por ejemplo. Antes de salvar los datos se les pondrá la fecha y hora de recepción del datos, que deberán ser micro segundos de diferencia de cuando se enviaron aunque se puede modificar el protocolo para que esta marca de tiempo la ponga la placa.

   No explicaremos el código receptor del mensaje del ESP32 pues no es objeto de este libro la programación en Python, ademas este servidor podrá realizarse en cualquier lenguaje, de todas forma hemos documentado al máximo el código para que pueda ser entendido y modificado si lo deseamos.

2. Un **cliente**, que es nuestra placa ESP32 y que recoge las medidas que nos interese, en este caso se simulan dos medidas una entera y otra flotante pero que en nuestro programa serán datos leído por lo sensores de nuestro ESP32,

y las envía al servidor mediante el protocolo que hemos definido para este fin.

La parte del cliente es muy sencilla y similar a lo visto en el ejemplo *WIFI_HTTP* pero este caso no usaremos la librería "HTTPClient.h" ya que no usamos el protocolo HTTP sino uno creado por nosotros.

Nuestro protocolo es muy sencillo, cada vez que deseemos enviar un dato (una medida obtenida por nuestra placa) nos conectaremos al servidor y enviaremos los datos con el formato de mensaje que explicamos a continuación y nos desconectamos.

Formato del mensaje:

#W<equipo><medida><long><valor>

- #W son dos caracteres que indican el tipo de mensaje, en nuestro caso solo existe este.

- <equipo> byte que identifica el equipo que envía la medida, así un servidor puede recibir datos de diferentes placas.

- <medida> byte que identifica la medida, un equipo puede enviar diferentes medidas, ejemplo temperatura, humedad, etc.

- <long> byte tamaño que ocupa el valor de la medida una vez que lo convertimos en una cadena de caracteres.

- <valor> cadena de caracteres, sin el 0x00, con el valor de la medida.

Como ya hemos comentado el programa del cliente es muy parecido al ejemplo *WIFI_HTTP* pero con algunos detalles que explicamos a continuación.

En el *setup* realizaremos la conexión a WIFI, que es igual a como se realizo en *WIFI_HTTP*

```
// Nos conectamos a la WIFI
   WiFi.mode(WIFI_STA);        // Ponemos modo estación
   WiFi.begin(ssid, clave);
   Serial.println("Connecting");
   while(WiFi.status() != WL_CONNECTED)
   {
     delay(500);
     Serial.print(".");
   }
```

Luego en el *loop* realizaremos nuestro programa y cuando deseemos enviar un dato tendremos que:

1. Verificar que tenemos conexión WIFI, en caso contrario o la volvemos a establecer o no intentamos ni enviar.

2. Nos conectamos al servidor, podemos realizar un bucle hasta que nos conectemos o simplemente intentarlo una vez y si no puede no enviamos ese dato.

3. Una vez que nos hemos conectado enviamos los datos con nuestro protocolo.

```
WiFiClient client;
if(WiFi.status()== WL_CONNECTED)      // Verificamos que tenemos conexión al WIFI
{
   while(!client.connect(host, port))   //Bucle hasta que se conecta
   {
      Serial.println("Fallo en la conexión");
      Serial.println("Se esperan 5 segundos antes de reintentar.');
      delay(5000);
   }
   // Enviamos medida
}

//  Envió de la medida al servidor, debemos tener conexión a el.
char cadena[250];     // Datos a enviar
```

```
int longitud;

longitud = sprintf(cadena, "%d", dato);   // Transformamos nuestro dato entero a cadena
longitud = sprintf(cadena, "%f", dato);   // Transformamos nuestro dato flotante a cadena

// El mensaje es un conjunto de bytes con el formato descrito anteriormente.
byte msg[300];
// Identificador del tipo de mensaje.
msg[0] = '#';
msg[1] = 'W';

msg[2] = id_equipo;   // ID Equipo
msg[3] = 'A';         // ID Medida
msg[4] = longitud;        // Longitud del dato a enviar

// Bucle que carga el dato a enviar en el mensaje
for (int i=0; i<longitud; i++) // FOR enviando datos de la medida
{
   msg[i+5] = cadena[i];
}

client.write(msg,longitud+5);    // Enviamos el mensaje, indicando la longitud de este.

client.stop();   // Cierra conexión
```

10.4.5 WIFI-Arduino con ESP-01

El ESP-01 utiliza el microcontrolador ESP8266, hermano pequeño del ESP32, y es una placa que permite al Arduino se conecte a una red WIFI.

Las características del WIFI de esta placa son:

- 802.11b/g/n

- 2.4 GHz con una velocidad de hasta 72,1Mbps.

- Modos: Estación, AP y promiscuo.

Justo encima de los pines vemos a la izquierda el ESP8266 y a su lado una memoria flash.

Los pines son:

- (1) **GND**

- (2, 3) **GPIO2** y **GPIO0**, son E/S de propósito general

- (4, 5) **RXD** y **TXD** las conexiones al puerto serie a 3,3V y también se pueden utilizar como **GPIOs 3 y 1**.

  Utilizaremos un adaptador de voltaje ya que los pines digitales del Arduino nos darán 5V, no es obligatorio pero si recomendable por seguridad.

- (6) **CH_PD** Nos permite apagar (0) y encender(1) el ESP-01

- (7) **RESET** al ponerlo a 0 se reinicia, por lo tanto durante el funcionamiento estará conectado a 3,3V.

- (8) Alimentación **Vcc** sera de 3,3V 200mA

Al tenerse que alimentar con 3,3V y 200mA deberemos usar una fuente externa para evitar cortes, ya que los 3,3V de nuestro Arduino solo nos proporciona 50mA. La alimentación de la placa ESP-01la realizaremos entonces mediante los pines 1 y 8.

Hemos visto que podemos disponer de 4 pines GPIO (pines de Entrada/Salida) y una memoria flag que podremos cambiar para programar el modulo de forma independiente, sin necesidad de Arduino, y disponer de una pequeña placa con 4 E/S y una comunicación WIFI. Pero esto no es objeto de este libro aunque es interesante conocer esta posibilidad para posibles proyectos.

La comunicación de este modulo con el Arduino la realizaremos con el puerto serie, pines 4 y 5, poniendo en estos por seguridad (aunque no es necesario) un adaptador 3,3V-5V ya que nuestro Arduino utiliza el voltaje de 5V. Como ya vimos al hablar de la UART (9.1UART Puerto Serie) nuestro Arduino en principio solo dispone de un puerto (pines D0,D1) y nos quedaríamos sin consola para depurar así que lo mejor es utilizar otros pines (puertos serie por software) por ejemplo con la librería "SofwareSerial.h" como podrían ser el D2(TxD) y D3(RxD).

```
#include "SoftwareSerial.h"

const byte rxPin = 2;
const byte txPin = 3;
SoftwareSerial puertoSerie = SoftwareSerial(rxPin, txPin);

const int baudios = 9600;

void setup()
{
    Serial.begin(9600);
    puertoSerie.begin(baudios);
}
……….. .
```

11   *PROGRAMACIÓN ESP32*

11.1 Identificación hardware (ESP32)

Podemos obtener información interna de nuestros dispositivos que pueden ser interesante como:

- **IDCHIP**: Es un identificador único que nos puede servir para Identificador un dispositivo en una comunicación, por ejemplo tener el mismo programa cargado pero que en una transmisión a un servidor se pase este identificador y lo usemos como una MAC.

- **Modelo y revisión** del CHIP (*ESP.getChipModel ESP.getChipRevision*)

- **Número de cores**, aplica al ESP32. (*getChipCores*)

- **Frecuencia de la CPU** getCpuFreqMHz

- **Version del SDK** getSdkVersion

- **Memoria interna** getHeapSize y getFreeHeap

- **Memoria Flash** getFlashChipSize

- **Tamaño del Sketch** getSketchSize

Podemos ver un ejemplo en *infoESP32* en el que ademas obtenemos las MAC de los módulos WIFI y Bluetooth.

11.2 Multitarea en Dual-Core (FreeRTOS)

El ESP32 dispone de dos cores y aunque en principio solo trabajamos con uno (core1) es posible utilizar los dos programando multitarea, pero deberemos tener cuidado cuando asignamos tareas en el Core0 y como las programamos ya que el ESP32 utiliza el Core0 para tareas de Bluetooth y WIFI.

Normalmente nos conformaremos con usar el Core1 para nuestro programa, pero ya que el ESP32 lleva incorporado FreeRTOS contaremos unas nociones básicas para trabajar en multitarea con el ESP32, aunque se salga un poco del alcance de este libro, si deseamos profundizar más podremos leernos algo de programación en FreeRTOS y también la página oficial del ESP32.

https://docs.espressif.com/projects/esp-idf/en/latest/esp32/api-reference/system/freertos.html

Debemos saber que también podemos realizar multitarea en nuestro Arduino-UNO con la *librería TaskScheduler*, pero debemos tener claro que no es una multitarea real ya que cuenta con un Core y se estarán dando slots a cada tarea, en el ESP32 al disponer de dos Cores podremos ejecutarse dos tareas de forma simultanea.

Lo primero es saber que usaremos FreeRTOS que es un sistema operativo en tiempo real desarrollado para micros y que esta incorporado en el ESP32, por lo que no necesitaremos ninguna librería. y nos permite:

- Ejecución de tareas en paralelo.

- Comunicación entre las tareas.

- Ejecución basada en prioridades.

- Compartir recursos.

Así un ejemplo con el esquema básico para trabajar con tareas se puede encontrar en **_Multitarea_** en el cual también nos permitirá ver el comportamiento de trabajar con múltiples tareas en Cores distintos así como algunas de las funciones típicas que se utilizan en la programación en tiempo real.

Lo primero a saber es que una tarea se implementan como una función con el prototipo "*void FuncioTarea(void *)*" esta tendrá un punto de entrada y un bucle infinito para que no termine nunca salvo que se le realice un *vTaskDelete*.

```
// Función con el código de tarea
void fTarea (void *pvParameters)
{
    // Entrada y es la sección de inicialización, seria nuestra función setup()
    for(;;) // Cuerpo de la tarea, seria nuestra funcion loop()
    {
        // Código que se ejecuta ciclicamente hasta matar la tarea el Loop
    }
    // Nunca debe llegar a este punto y si llega la tarea debe ser eliminada.
    vTaskDelete(NULL);
}
```

Podremos crear tantas tareas como queramos pero debemos saber que solo se ejecutara una a la vez por núcleo, así en nuestro DualCore ESP32 se ejecutaran dos simultáneamente, por lo tanto una tarea podrá estar ejecutando su código (*Ejecución*) o inactiva de forma que sus estado se guarda para reanudar la ejecución cuando el planificador decida entrar en el estado de ejecución.

Los estados en los que podrá encontrarse una tarea son:

- **Ready (Lista)**: Cuando se crea una tarea se pasa a este estado. Estará en este estado hasta que pueda ser ejecutada.

- **Running (Ejecución)**: Cuando la prioridad de la tarea lo permite, el administrador pasa la tarea de "*Lista*" a "*Ejecución*". Este podrá volver al estado de "*Lista*" o a "*Bloqueada*" mediante el API.

- **Blocked (Bloqueada)**: En este estado la tarea no se ejecuta, espera un evento para pasar al estado "*Lista*" para poder volver a ser ejecutarla.

  Algunos ejemplos de bloqueo son: cuando necesita un recurso que esta siendo utilizado por otra Tarea o se solicita espere X milisegundos con *vTaskDelay()*.

- **Suspended (Suspendida)**: No se ejecuta a diferencia del estado "*Bloqueada*" puede suspenderse con la función *vTaskSuspend()* y se sacara de este estado con la función *vTaskResume()*.

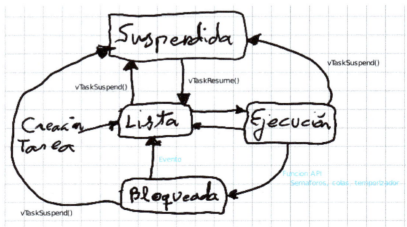

Fig. 35: Estados programación FreeRTOS

Con el código creado solo falta crear la tarea con la función *xTaskCreatePinnedToCore* que nos permite asignar la tarea al núcleo que deseemos (afinidad).

```
TaskHandle_t Tarea1;  // Definido como global para que se pueda actuar en ella desde
cualquier lugar.

xTaskCreatePinnedToCore(fnTarea, // Función con el código de la Tarea
                        "NOMBRE", // Nombre de la Tarea, Útil en la depuración.
                        4096, // Tamaño de la pila
                        NULL, // Parámetros a pasar. (void *)
                        1, // Prioridad de 0-9, 1 es como la del Loop
                        &Tarea1, // Controlador de tarea, que nos permitirá realizar
llamadas al API,
                                 // que nos permita cambiar la prioridad, eliminarla,
etc.
                        1  // Core en el que se asigna la tarea, es opcional.
                        );
```

Debemos tener en cuenta:

- Una función de tipo tarea se podría usar para crear varias tareas, en este caso cobraría importancia el paso de parámetro ya que podría ser el pin asociado a un LED de forma que cada tarea encendería y apagaría ese LED por ejemplo.

- Tamaño de pila que se utiliza para el intercambio de datos, si es muy grande desperdiciamos memoria y si es pequeño se producirán el reinicio del ESP32. Una forma de calcularlo es empezar con 1024(1K) e ir aumentado de K en K hasta que deje de reiniciarse.

- La prioridad estará de 0(menor)-9(mayor), pondremos 1 que es la misma prioridad que se asigna a la función loop().

Tabla AH: Prioridades asignadas

Prioridad	Elemento asignado
0	Idle (Tarea ociosa para bajo consumo)
1	loop
2	Timer
3-9	

Para pasar parámetros a la tarea es muy sencillo, como se ve pasamos un parámetro *"void*"* que indica que es la dirección de algo sin asociarla a un tipo en particular.

1. Realizamos un cast (void *) al parámetro que se pasa.

2. En la función un cast del parámetro.

Si deseamos pasar una variable esta debe ser globales o estáticas para que estas permanezcan al finalizar la función donde se crea la tarea y lo que pasamos por referencia por lo tanto le precederá el '&'. Al finalizar una función debemos recordar que sus variables se borraban con ellas.

Si se desea pasar varios valores lo mejor es utilizar una estructura.

Algunas funciones de interés en esta programación son:

- **xPortGetCoreID** Nos dará en Core en el que se esta ejecutando.

- **xTaskCreatePinnedToCore** Crea y asigna la tarea a un core especifico.

- **vTaskDelete(NULL | TaskHandle_t)** Elimina una tarea.

- **vTaskDelay(pdMS_TO_TICKS(X))** Para Xms, la diferencia es que delay bloquea el micro.

  pdMS_TO_TICKS(miliseg) convierte milisegundos a ticks

- **VTaskSuspend   / vTaskResume** Para pasar a suspendida o sacarla del estado suspendido a Listo.

- **VtaskPrioritySet** Cambio de prioridad.

```
// Código critico que no se pausara.
taskENTER_CRITICAL();
    ………. // Código critico
taskEXIT_CRITICAL();
```

11.3 Modos de trabajo (Ahorro energía)

El ESP32 puede funcionar en distintos modos de operación, que afectaran al consumo:Activo, Modem-Sleep, Light-Sleep, Deep-Sleep o Hibernación.

Dormir, o suspender, nuestro ESP32 es una forma de ahorrar batería, por eso es bueno conocer en que modo nos interesara trabajar.

- **Modem-Sleep**: La CPU estará operativa y el WIFI y Bluetooth inactivos, y se alternara entre activo y espera según el uso del las comunicaciones. En este modo se ingresa automáticamente por lo tanto no existen funciones para acceder a el.

- **Light-Sleep**: La CPU está pausada pero la memoria y los periféricos RTC están activos junto al ULP. Los módulos de comunicación (WIFI, Bluetooth) estarán inactivos. Este modo es similar al anterior con la diferencia que en este caso la CPU esta pausada y no activa. La CPU se activará ante un evento que requiera su uso conservando sus estados internos.

La forma de acceder a este modo sera mediante la función *esp_light_sleep_start()* se puede ver el ejemplo **LigthSleep** que se activara mediante tiempo. Podemos ver en la traza del programa que en estado dormido no entra en el la función *loop*, a excepción de que se produzca alguna activación.

- **Deep-Sleep**: Se encontrara todo inactivo a excepción del RTC y la ULP, la diferencia con el modo Light es que en este la CPU se encuentra apagada y no en pausa. En este estado la función loop no se ejecutara y se produce como un reinicio al activarse, lo que perderá la memoria a excepción de la memoria RTC que si se mantiene activa.

Podremos almacenar variables en modo espera siempre que se carguen en la memoria RTC (8KB) y es tan sencillo como anteponerlas RTC_DATA_ATTR.

```
RTC_DATA_ATTR int var1;
RTC_DATA_ATTR int var2 = 12;
```

Para entrar en este modo se utilizara la función esp_deep_sleep_start(), podemos ver un ejemplo en **DeepSleep** en el que tenemos varias formas de activación como tiempo, pulsación de algún Touch configurado, pulsación de un botón.

- **Hibernación**: En este caso solo esta activo RTC y es el modo que consume menos, hablamos de 5 mA, el oscilador interno estaría a 8MHz. De forma que solo un temporizador y algunos GPIO-RTC estarán activos. Para entrar en este modo sera como el modo profundo pero cambiando la configuración para que todos los dispositivos RTC estén deshabilitados.

```
esp_sleep_pd_config (ESP_PD_DOMAIN_RTC_PERIPH, ESP_PD_OPTION_OFF);
```

Tabla AI: Modos trabajo

Modo	CPU	WIFI Bluetooth	RTC	ULP	Consumo medio típico
Activo	Encendido	Encendido	Encendido	Encendido	~200 mA
Modem-sleep	Encendido	Apagado	Encendido	Encendido	~50 mA
Light-sleep	Pausa	Apagado	Encendido	Encendido	~1 mA
Deep-sleep	Apagado	Apagado	Encendido	Encendido	150 microA
Hibernación	Apagado	Apagado	Apagado	Apagado	5 microA

Para salir del modo suspensión, ya sea *Ligth* y *Deep*, se disponen de varios sistema de activación. Así que antes de entrar en uno de los modos de suspensión deberemos con con que fuentes deseamos dejemos de estar dormidos.

Podemos conocer la fuente de activación mediante la función *esp_sleep_get_wakeup_cause* que nos informara de la causa que despertó el ESP32.

```
esp_sleep_wakeup_cause_t causa;
causa = esp_sleep_get_wakeup_cause();  // obtenemos causa por la que despierta
```

En la siguiente tabla podemos ver las diferentes causas de activación.

Tabla AJ: Causas de activación

Valor	Descripción
ESP_SLEEP_WAKEUP_TIMER	Temporizador
ESP_SLEEP_WAKEUP_TOUCHPAD	Touch
ESP_SLEEP_WAKEUP_EXT0	Señal externa etx0 (RTC_IO)
ESP_SLEEP_WAKEUP_EXT1	Señal externa ext1 (RTC_CNTL)

ESP_SLEEP_WAKEUP_ULP	Programa ULP
ESP_SLEEP_WAKEUP_GPIO	GPIO en Ligth-Sleep y solo en ESP32 S2 y S3
ESP_SLEEP_WAKEUP_UART	UART en Ligth-Sleep
ESP_SLEEP_WAKEUP_WIFI	WIFI en Ligth-Sleep
ESP_SLEEP_WAKEUP_BT	Bluetooth en Ligth-Sleep
ESP_SLEEP_WAKEUP_ALL	No es una causa y se utiliza para desactivar todas

Para desactivar las causas de activación se utilizara la función *esp_sleep_disable_wakeup_source(causa)*.

```
esp_sleep_disable_wakeup_source(ESP_SLEEP_WAKEUP_ALL)
```

11.3.1 Fuentes de activación

Las fuentes de activación se habilitaran mediante la función esp_sleep_enable_X_wakeup(), ademas se podrá forzar el apagado especifico de periféricos RTC como en el modo hibernación con la función *esp_sleep_pd_config(dominio, opción)* durante el modo suspensión.

```
// Las opciones son ESP_PD_OPTION_OFF, ESP_PD_OPTION_ON, or ESP_PD_OPTION_AUTO

// Definición de los módulos que permanecen activos.
esp_sleep_pd_config(ESP_PD_DOMAIN_RTC_PERIPH, ESP_PD_OPTION_ON);
```

Tabla AK: Dominios potencia

Valor	Descripción
ESP_PD_DOMAIN_RTC_PERIPH	IO RTC, sensores y coprocesador ULP
ESP_PD_DOMAIN_RTC_SLOW_MEM	Memoria Lenta RTC
ESP_PD_DOMAIN_RTC_FAST_MEM	Memoria rápida RTC
ESP_PD_DOMAIN_XTAL	Oscilador XTAL
ESP_PD_DOMAIN_RTC8M	Oscilador interno 8M
ESP_PD_DOMAIN_VDDSDIO	VDD_SDIO
ESP_PD_DOMAIN_MAX	Numero de dominios

11.3.1.1 Temporizador

El controlador RTC dispone de un reloj que nos permite que el ESP32 se active cada cierto tiempo, este tiempo se define con una precisión de microsegundos y el tiempo máximo sera de unos 71 minutos que es el valor máximo que se puede almacenar en 32 Bits.

La función que utilizaremos para habilitar la activación por temporizador es *esp_sleep_enable_timer_wakeup(microsegundos)*

```
#define FACTOR 1000000ULL  // Factor de conversión de micro segundos a segundos
#define TIEMPO_DORMIDO  5       // Tiempo en segundos que el ESP32 estará en suspensión
ligera
esp_sleep_enable_timer_wakeup( TIEMPO_DORMIDO * FACTOR);
```

11.3.1.2 TouchPad

Se produce al tocar un sensor táctil "TOUCH" en este caso deberemos configurar antes de entrar en modo suspensión la interrupción del TOUCH que nos interese con su sensibilidad.

```
// Definir los pines TOUCH que pueden despertar al ESP32
#define SENSIBILIDAD 40
touchAttachInterrupt(Tx, callback, SENSIBILIDAD); // Cuando el Tx sea menor que la
sensibilidad se
                                    // despierta y llama a void callback()

esp_sleep_enable_touchpad_wakeup()  Despierta al activar un TOUCH.

// Para conocer cual fue tocado.
touchPin = esp_sleep_get_touchpad_wakeup_status()  // Nos dice el TOUCH que lo despertó.
```

11.3.1.3 Activación externa (ext0)

Podemos sacar el ESP32 del sueño profundo al presionar un botón configurado en un RTC_GPIO, mediante la función esp_sleep_enable_ext0_wakeup en la que indicaremos el RTC_GPIO y si la activación es en alto o bajo.

```
esp_sleep_enable_ext0_wakeup(GPIO_NUM_X, estado) // estado sera 1 o 0 según deseemos la
activación
```

Tabla AL: GPIOs RTC

RTC_GPIO	GPIO		RTC_GPIO	GPIO
RTC_GPIO 0	GPIO_NUM36		RTC_GPIO 9	GPIO_NUM32
RTC_GPIO 1	GPIO_NUM37		RTC_GPIO 10	GPIO_NUM4
RTC_GPIO 2	GPIO_NUM38		RTC_GPIO 11	GPIO_NUM0
RTC_GPIO 3	GPIO_NUM39		RTC_GPIO 12	GPIO_NUM2
RTC_GPIO 4	GPIO_NUM34		RTC_GPIO 13	GPIO_NUM15
RTC_GPIO 5	GPIO_NUM35		RTC_GPIO 14	GPIO_NUM13
RTC_GPIO 6	GPIO_NUM25		RTC_GPIO 15	GPIO_NUM12
RTC_GPIO 7	GPIO_NUM26		RTC_GPIO 16	GPIO_NUM14
RTC_GPIO 8	GPIO_NUM33			

Esta activación no puede utilizarse en conjunto con la de Touch, ya que entra en conflicto. Una vez que nos despertamos deberemos reconfigurar los GPIOs a modo digital, ya que estarán en modo RTC_GPIO con la función *rtc_gpio_deinit(GPIO_NUMX)*.

11.3.1.4   Activación externa(ext1)

Esta activación se puede producir por la activación de múltiples RTC_GPIOs, utilizando la función esp_sleep_enable_ext1_wakeup y como antes debemos acordarnos al despertarse que se activen los GPIOs en modo digital ya que estarán en modo RTC_GPIO.

```
// Mascara de bits de GPIO que provocan la activación
// Modo:
        ESP_EXT1_WAKEUP_ALL_LOW     // Todos los bits bajan
        ESP_EXT1_WAKEUP_ANY_HIGH    // Alguno se dispara
esp_sleep_enable_ext1_wakeup(mascara, modo)

retorno = esp_sleep_get_ext1_wakeup_status() // Conocer el pin que activo
GPIO = log(retorno)/log(2)
```

En este modo las resistencias PullUp y PullDown internas se desactivan por lo que utilizaremos resistencias externas.

11.3.1.5   *Activación coprocesador ULP*

El ULP es un coprocesador de muy bajo consumo que se utiliza en estado de hibernación y que también podemos programar aunque no es objeto de este libro, pues deberemos programarlo en ensamblador, realizaremos un resumen de sus reducidas capacidades y esta en el dominio de energía de los periféricos RTC y utiliza la memoria lenta RTC.

Para habilitarlo como fuente de activación usaremos la función *esp_sleep_enable_ulp_wakeup* y no deberemos establecer la configuración (*ESP_PD_DOMAIN_RTC_PERIPH, ESP_PD_OPTION_AUTO*) y en este modo las tareas las realizara el ULP y sus capacidades son:

- Solo trabaja con enteros positivos. 4 Registros de 16 bits.

- 8K de memoria lenta RTC

- No dispone de pila, solo saltos y no call

- Monitorización ADC

- Leer y escribir en el I2C

Si deseamos conocer más de su utilización podemos acceder a la página oficial *https://docs.espressif.com/projects/esp-idf/en/latest/esp32/api-reference/system/ulp_instruction_set.html*

11.3.1.6   Activación GPIO (solo Light-Sleep)

Ademas de la opción de RTC_GPIO, ext0 y ext1, podemos utilizar en la suspensión ligera otros GPIOs mediante la función de activación *esp_sleep_enable_gpio_wakeup* y antes configuramos los GPIOs con *gpio_wakeup_enable.*

Deberemos tener en cuenta que si usamos algún GPIO que es parte del dominio VDD_SDIO este se deberá configurar como encendido (*ESP_PD_DOMAIN_VDDSDIO, ESP_PD_OPTION_ON*)

11.3.1.7   UART (solo Ligth-Sleep)

Cuando se detectan datos en la entrada RX, momento en el que se activara y deberemos empezar a leer pero el carácter enviado para activarlo se perderá.

La función *esp_sleep_enable_uart_wakeup* nos permitirá habilitar esta fuente.

12 ANEXO-1 "ELECTRÓNICA"

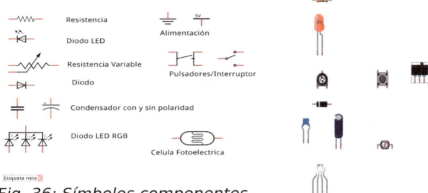

Fig. 36: Símbolos componentes

Circuitos integrados: Es un componentes que contienen varios componentes en un paquete, y tienen distintas funcionalidades que van desde simples puertas lógicas a amplificadores.

Y otros componentes los cuales profundizaremos más adelante como son: condensadores, resistencias, botones, transistores, potenciómetros, etc.

12.1 Condensadores

Almacena durante un corto tiempo cargas eléctricas y se suele usar como filtro de señales eléctricas, los tenemos sin polaridad (**cerámicos** por ejemplo de 100nF) y con polaridad como los **electrolíticos** que permiten almacenar más carga y se suelen usar para evitar los picos de arranque en motores.

La unidad de los condensadores son faradios y tenemos:

- MicroFaradio(μF, uF, mF) son 10^{-6} Faradios. Ojo mF a veces se interpreta como miliFaradios que son 10^{-3} Faradios

- NanoFaradio(nF) son 10^{-9} Faradios.

- Picofaradio(pF) son 10^{-12} Faradios.

Las conversiones son:

- 1μF son 1000000pF   (15μF*1000000pF = 15000000pF)

- 1pF son 1.0E-6μF (1500pF*1.0E-6μF = 0,0015μF)

- 1μF son 1000nF   (0,1μF*1000nF = 100nF)

- 1nF son 0,001μF (7nF*0,001μF = 0,007μF)

La página *https://www.unitconverters.net/electrostatic-capacitance-converter.html* nos puede servir de ayuda en las conversiones.

La lectura de sus valores es algo más compleja que los circuitos integrados (escriben el nombre de este) o las resistencias que usan el código de colores. Pero como guía diremos que en los electrolíticos va escrito, son fáciles, y los otros más pequeños como los cerámicos aplicaremos estas reglas:

1. Los tres primeros caracteres son numero, utilizaremos el tercero como multiplicador y por norma genera serán pF

1. Valor entre 0-6 son los ceros añadir. Así 453 sera 45000pF que es lo mismo que 45nF

2. Un 8 se multiplica por 0,01. Así 278 sera 27*0,01=0,27pF.

3. Un 9 se multiplica por 0,1 por lo que 279 sera 27*0,1=2,7pF.

2. Tiene una letra en los dos primeros caracteres:

   1. R: es una coma decimal para indicar µF, así 4R3 serán 4,3µF.

   2. Si es una p, n o u nos indica la unidad de picoFaradio, nanoFaradio o microFaradio.

   3. Otros indicarían hasta la letra el voltaje y el resto (por regla general tres dígitos) la capacidad como se vio anteriormente.

3. Unidad al principio indica un punto y luego valor, así n23 serán 0.23nF, luego podremos tener una letra que sera la tolerancia seguido del voltaje

   Por ejemplo **µ1J63** serán 0.1µF que son 100nF y 63V

La unión de condensadores cambiara su valor de la siguiente forma según se unan en serie o en paralelo:

- En **Serie** $1/C = 1/C1 + 1/C2 + \ldots + 1/Cn$

- En **Paralelo** $C = C1 + C2 + C3$

12.2 Resistencias

Es es un elemento pasivo que nos permite reducir la tensión y la utilizaremos por ejemplo para evitar que un diodo led se queme al aplicarle los 5V del Arduino pues normalmente esto diodos soporta unos 3,3V.

Para poder realizar los cálculos de la resistencia, que necesitaremos, aplicaremos la ley de Ohm.

$$V = R \times I$$

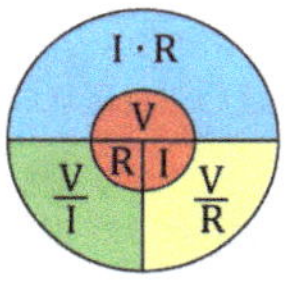

Los valores de las resistencias se ven con el código de colores, y las resistencias podrán ser de 4 o 5 Bandas (si son de 3 bandas, no tienen tolerancias) y la codificación es muy sencilla. Las 2 o 3 primeras bandas indican el número según la tabla, después va el multiplicador.

Color	Banda 1	Banda 2	Banda3 (Para 5 Bandas)	Multiplicador	Tolerancia
Negro	0	0	0	x1	
Marron	1	1	1	x10	1,00 %
Rojo	2	2	2	x100	2,00 %
Naranja	3	3	3	x1000	3,00 %
Amarillo	4	4	4	x10000	4,00 %
Verde	5	5	5	x100000	0.5%
Azul	6	6	6	x1000000	0.25%
Violeta	7	7	7	x10000000	0.10%
Gris	8	8	8	x100000000	0.05%
Blanco	9	9	9	x1000000000	
				Dorado	5,00 %
				Plata	10,00 %

Fig. 37: Colores resistencias

Así una resistencia de 220 Ω de 4 bandas(3 para el valor) sera Rojo(2) Rojo(2) Marrón (*10 o lo que es lo mismo 1 cero mas al valor).

La tensión se da en voltios, la intensidad (corriente) se mide en Amperios y la resistencia en Ohmios Ω.

- Calculo de resistencias en **Paralelo** $R = \dfrac{R1 * R2}{R1 + R2}$

- Calculo de resistencias en **Serie** $R = R1 + R2 + ... Rn$

12.2.1 Divisor de tensión

Con las resistencias podremos generar divisores de tensión que utilizaremos en nuestros circuitos que precisen de entradas analógicas, esto nos permitirá controlar el voltaje mínimo y máximo que se inyectara en la entrada analógica de nuestro Arduino según varia la resistencia del sensor.

Un divisor de tensión, como vemos en la Fig. 38: Divisor de tensión consta de dos resistencia (una de ellas sera nuestro sensor o un simple potenciómetro) un voltaje de entrada **Vin** y uno de salida **Vout** que es el que se conecta a la entrada analógica de nuestro Arduino.

$$I = \frac{Vin}{R1 + R2}$$

$$Vout = \frac{R2}{R1 + R2} * Vin$$

Un ejemplo seria una R1 de 1K, y un potenciómetro de 10K, con una V_{in} de 5V o 3,3V según sea un Arduino o un ESP32.

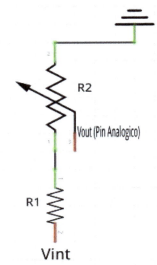

Fig. 38: Divisor de tensión

Como hemos comentado una de las resistencias sera nuestro sensor, ya que muchos de estos son lo que llamaríamos resistencias no lineales, que variara su resistencia en función de una magnitud externa y como ejemplo tenemos:

- **LDR**: Su resistencia varia en función de la luz, de forma que a mayor luz tendrá una resistencia menor.

- **NTC**: Varia con la temperatura, a más temperatura menor resistencia.

- También tenemos los **PTC** que al aumentar la temperatura aumenta la resistencia.

Así por ejemplo si nuestra variable es R2 (usaremos 10K de potenciómetro) y la entrada **Vin** es de 5V.

La idea es que en **Vout** tengamos un valor lo más próximo a 5V cuando el potenciómetro R2 este al máximo (10K) así que empleando la formula anterior y despejando R1. Para facilitar la resolución de la ecuación si ponemos en R1 un valor de 1K(valor normalizado) veremos que la salida estaría entre 0-4,55V que son valores aceptables para no forzar a la entrada analógica.

Si calculamos la intensidad vemos que son unos 0,5mA que es perfecto para no cargar nuestra placa Arduino.

12.3 Diodos

Su principal función es impedir que la corriente fluya en 2 sentidos. Ánodo(+) la patilla más larga y Cátodo(-) la más corta.

Esto tiene varias aplicaciones:

- **Protección contra inversión de polaridad**: Evita que destruyamos nuestro sistema ante un error al conectar la polaridad, ya que evita que la corriente circule.

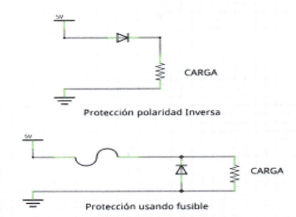

Fig. 39: Protección inversión polaridad

- **Diodo protección** permite suprimir corrientes parasitarias que se producen por ejemplo por las bobinas de los relés, así con el diodo evitaremos que esta corriente de descarga ataque a nuestro sistema.

- **Regulación de voltaje** con un diodo podemos dar pequeñas caídas de voltaje de 0,7 por diodo, y para una regulación usaremos los diodos Zener que es un tipo especial, tan especial que se polariza a la inversa(ánodo al negativo) para que se comporte como un regulador de tensión.

El diodo Zener tendrá una tensión de zener, de forma que una vez alcanzada se mantiene (antes de  llegar a esa tensión el diodo no conduce) y el resto va a la resistencia que llamamos resistencia de drenaje y limitara el flujo de corriente que pasa por el Zener. Así en paralelo al zener tendremos una tensión constante "Vz".

$$R = \frac{V - Vz}{Imax + Iz}$$ I_{max} la corriente de R y que tendrá lo que
conectemos en paralelo al Zener, y claro esta Iz(10%-20% de
Imax) la corriente del Zener.

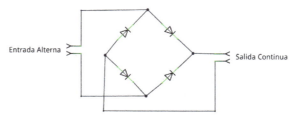

- **Puente rectificador** Nos permite pasar una corriente alterna
  a una continua mediante 4 diodos(si usamos uno solo
  eliminara la el seno positivo o negativo de la alterna pero sera
  inestable).

Solo con el puente tendremos un pequeño rizo que deberemos
solucionar con un condensadores a la salida.

12.3.1 Diodo LED

Los diodos LED (Light Emitting diode) es un diodo emisor de
luz. Al tratarse de un diodo la corriente fluye desde el terminal
positivo (el ánodo) hasta el terminal negativo (cátodo) liberando
energía en forma de luz.

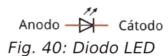

Fig. 40: Diodo LED

- **Ánodo** es el positivo (pata larga)
- **Cátodo** es el negativo (Pata corta)

Tenemos de diferentes colores, incluso luz infrarroja que nos permite transmisiones en controles remotos.

Dentro de los diodos LED tenemos otros tipos como son los RGB que nos permite emitir diferentes gamas de colores.

La conexión de estos a nuestro Arduino deberemos utilizar una resistencia que ponga el voltaje correcto ya que la salida de nuestro Arduino sera 5 V.

El calculo de la resistencia se realizara con la ley de omh $V = I * R$ si despejamos y tenemos en cuenta la tensión de alimentación "**V**" y la caída de tensión del led o leds(Si los conectamos en serie) "**V$_{ln}$**" tendremos la siguiente formula

$$R = (V - (Vl1 + \ldots + vln))/I$$

Los rangos de tensión y corriente según los colores de los LED, valores típicos, se pueden ver en la siguiente tabla pero siempre es interesante conocerlo directamente del fabricante si es posible.

Tabla AM: Valores típicos LEDs

Color	Rango Tensión	Rango Corriente
Rojo	1,8 – 2.2V	10-20 mA
Naranja	2,1 – 2,4V	10-20mA
Amarillo	2,1 – 2,4V	10-20mA
Verde	2,2- 2,5V	10-20mA
Azul	3,5 – 3,8V	20mA
Blanco	3,6V	20mA

El calculo de las resistencias sera muy sencillo con la ley de ohm, pero también podremos utilizar el enlace "*https://ledcalculator.net*" que es un calculador de resistencia según el V_{in} y el **V** del led.

12.3.2 Diodos RGB

Los diodos RGB son diodos led que permiten dar varios colores.

Estos led tienen 4 patillas:

- Una patilla es común y podrá ser ánodo o cátodo (es la patilla mas larga de las cuatro)

- Otra R(rojo) 2,1V,

- G(Verde) 3,3V

- B(Azul) 3,3V

Ya que son tres diodos en un solo paquete y según la intensidad de cada uno así se formara el color. Ejemplos de su programación mediante PWM se puede ver en el ejemplo *Ej_SerieArduino*

Si tenemos muchos LED, el cableado es muy grande para eso tenemos otros LEDs que también nos permite dar colores y son los llamados LEDs de Tira, tenemos varios modelos: WS2811, WS2812, PL9823 entre otros. Existen otros modelos que necesitan un cable más de reloj, no obstante uno u otro son muy útiles a la hora de realizar proyectos con muchos LEDs como por ejemplos paneles de LEDs.

12.3.2.1   *WS2812B*

Estos LEDs tienen electrónica integrada que permite que con solo tres cables controlemos no solo que se enciendan o apaguen sino el color del toda la tira. Tendremos una entrada con (**GND, D$_{in}$, 5V**) otras tres patillas de salida (**GND, D$_{out}$, 5V**) que se conectan al siguiente led.

Así mediante un solo cable de control (D$_{in}$ — D$_{Out}$) nos permiten controlar el color de todos los LEDs conectados a el.

Los LEDs *WS2812b* no se pueden alimentar directamente desde Arduino ya que el consumo de estos es de 60mA, cada uno, cuando da un blanco. El calculo de consumo lo realizaremos en el peor de los casos que es cuando esta en blanco, los tres colores al máximo con un consumo cada unos 0,3W

$$0,3W = 60mA * 5V$$
$$Consumo = N_{Leds} \times 0,3W \quad \text{(30 LEDs son 9W)}$$

Se recomienda poner un condensador del 1000uF entre GND y 5V y una resistencia de 470Ω a D$_{in}$.

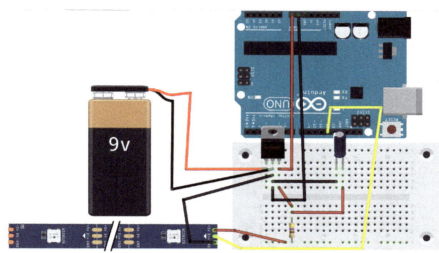

Fig. 41: Montaje WS2812B

El funcionamiento del *WS2812B* ya hemos comentado que tiene un solo hilo y esto es por que el valores del color se indica por ese hilo, a unos 400Hz, lo que requiere de un protocolo con una buena sincronización por lo que recomendamos utilizar las librerías preparadas para ello:

- **NeoPixel de Adafruit**
  (*https://github.com/adafruit/Adafruit_NeoPixel*)
- **FastLED** (*https://github.com/FastLED/FastLED*) de Daniel García y es multiplataforma.

Podríamos controlar unos 1000 LEDS con una frecuencia de refresco de 30Hz, esta frecuencia de refresco no es perceptible por el ojo humano y no se apreciara parpadeo.

Tenemos el ejemplo ***EjWS2812B*** que utiliza la librería FastLED.

12.4 Transistores

Un transistor es un semiconductor utilizado para entregar una señal de salida en respuesta a una señal de entrada, sirviendo de interruptor, y da una corriente amplificada.

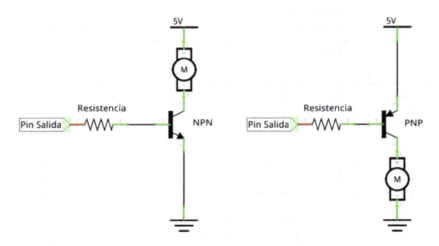

Fig. 42: Esquema Transistores NPN y PNP

El transistor consta de tres parte, como se ve en Fig. 42: Esquema Transistores NPN y PNP y son:

1. **Emisor**, indicado por la flecha.

2. **Base**, Raya vertical

3. **Colector** linea que entra en la base y no tiene flecha.

La diferencia entre **NPN** y **PNP**, es la alimentación del Emisor-Base-Colector, así un **NPN** se activara en positivo y los **PNP** con masa.

El funcionamiento es sencillo si tenemos corriente en la base I_b tendremos una corriente entre el colector y el emisor (I_{c-e}) mayor que la de la base. De esta forma tenemos un interruptor que se activa o desactiva con la base, pero a la vez estamos teniendo un amplificador. Para conocer cuanto amplifica tendremos que ver el dato llamado **Ganancia del Transistor** y se representa por la letra griega "β" y después aplicar la formula.

$$I_{c-e} = \beta \times I_b$$

Debemos tener una $I_{B-Minima}$ a partir de la cual tenemos corriente entre el emisor y colector y $I_{B-Maxima}$ a partir de la cual ya no aumentamos más, debemos tener cuidado de no pasarla para no quemar nuestro transistor.

En Fig. 42: Esquema Transistores NPN y PNP vemos una resistencia (llamada resistencia de base R_b ya que la conectamos a la base, sirve para regular la intensidad que atraviesa la base del transistor.

Tenemos otros tipos de transistores que son los MOSFET y de los que hablamos al explicar las formas de alimentar los motores en el capitulo 13.4.1.1 MOSFET.

12.5 Alimentación

12.5.1 Arduino UNO

El Arduino-UNO, lo podremos alimentar de varias formas como vemos en Fig. 45: Medición consumo:

- **USB** 5Voltios y una corriente máxima de 500mA. Aunque esta no es la opción ideal para una aplicación final.

- **Jack** de alimentación al que podremos conectar un adaptador de corriente AC/DC, entre 7 y 12 Voltios, siendo el más optimo de 7V. **OJO** no usar un adaptador de alterna AC.

  Las corrientes dependerán del voltaje de entrada:

  - 7 Voltios 1Amper
  - 9 Voltios 500mA
  - 12 Voltios 285 mA

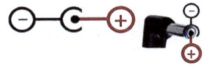

  El punto central del conector es el positivo.

- Pin **Vin** entre 7 y 12 voltios. OJO no cuenta con protección de inversión de polaridad y cuando usamos este sistema no debemos utilizar el Jack. La corriente no deberá ser superior a 1.000mA.

  Este Pin también sirve de salida cuando se alimenta desde el Jack.

- Pin **5V**, en este caso debemos tener una entrada muy estable y regulada a 5V (5.5V lo máximo)

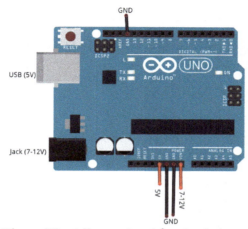

Fig. 43: Alimentación Arduino

12.5.2 ESP32

Al ESP32, le pasa lo mismo y ademas de la conexión USB también se puede alimentar directamente, en este caso no utilizar USB cuando se este alimentando directamente, las formas de alimentación extras dependerán de la placa que utilicemos.

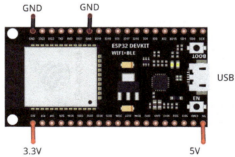

Fig. 44: Alimentación ESP32

En el caso de la placa que estamos utilizando podremos realizarlo de las siguientes formas:

• **USB**: Recordando no utilizarlo cuando se usa otro sistema.

- **3.3V** utilizar un regulador externo como por ejemplo "Step-Down 3A **LM2596**" que lleve la tensión a 3.3V.

- **5V** utiliza un regulador AMS1117 para llevarlo a 3.3V y una potencia nominal de 800mA

Debemos recordar que las placas ESP32 varían su consumo según el modo de trabajo y el modelo de placa de desarrollo que utilicemos, pero para el calculo de consumo que nos permita conocer la fuente de alimentación que utilizaremos deberemos de realizar el calculo del circuito completo.

12.5.3 Duración de la batería

Para calcular el consumo bastara con un *Polímetro* que lo pondremos en medio del la masa de la fuente de alimentación y la de nuestro circuito como se ve en la Fig. 45: Medición consumo.

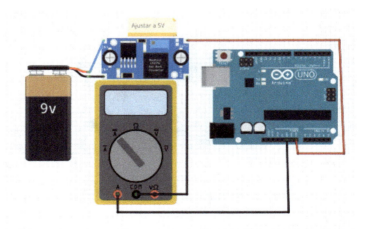

Fig. 45: Medición consumo

De esta forma tendremos el consumo y podremos estimar la duración de nuestra batería y así decidir cual utilizar.

Cuando vayamos a utilizar una alimentación de baterías tendremos en cuenta el voltaje y el tiempo de autonomía que necesitaremos.

Así teniendo las características de las baterías :

- Voltaje (1,5v una pila tipo *A* por ejemplo)
- La capacidad en mA Hora

Si conectamos las baterías en **paralelo**, aumentaremos la capacidad y mantendremos el voltaje. Cuando conectamos las baterías en **serie** se mantendrá la capacidad y aumentaremos el voltaje.

Así que suponiendo que nuestro circuito completo tiene un consumo medio de 200mA tendríamos los siguientes resultados:

1. Una batería de 9V de 300mA, nos permitiría alimentar durante aproximadamente una hora.

2. Usando 6 pilas *AA* en serie para lograr los 9V, que tienen una capacidad de unos 2500mA lograríamos tenerlo en funcionamiento casi 10 horas.

3. Batería LiPo (Polímero de litio) de 7,4V (2 celdas de 3,7V) de unos 2A Hora, disponen de más autonomía y ademas la ventaja de ser recargables y pequeñas con respecto a las normales.

12.5.4 Baterías LiPo (Polímero de litio)

Se compondrán de celdas normalmente de 3,7V de voltaje nominal (Carga máxima 4,3V que se regulariza a 3,7V en el uso y dará 3V al agotarse y es el momento en el que no deberemos continuar usándola sin antes volverla a cargar para evitar que se deterioren) de forma que para dar 5V usaremos dos celdas en serie.

Para cargar las baterías de Litio deberemos usar cargadores adecuados ya que se dañaran si son sobrecargadas, y debemos tener en cuenta que se cargan según las celdas de nuestro grupo de baterías.

Para evitar sobrecargar las baterías LiPo se deben usar un cargador que se corte al llegar entre 4,1-4,2V.

También debemos evitar que se descarguen demasiado por lo que deberemos poner un circuito que evite descargarlo más de 2,5V por ejemplo, algunas celdas planas llevan este dispositivo incorporado.

La corriente de carga no podrá ser mayor que la de la batería a cargar.

12.5.5 Fuentes de alimentación y Reguladores

12.5.5.1   Reguladores

Dentro de los reguladores lineales tenemos por ejemplo el **LM7805**, que nos permite regular a 5V y 1A, con una entrada de 7v a 35V y esta absorción se disipa en forma de calor por lo que deberíamos evitar poner una entrada mayor de 12V para evitar tener que poner un disipador e intentar de esa forma ser lo más optimo posible.

Otros reguladores de la familia *78XX* es por ejemplo el **7809** que nos dará 9V de salida y en este caso la entrada podrá estar entre 11V y 35V pero debemos recordar que a mayor reducción mas calor.

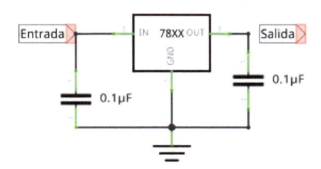

Fig. 46: Esquema regulación con 78XX

El circuito regulador es muy sencillo y bastara con poner dos condensadores de 0,1microFaradio, uno entre masa y la entrada de voltaje y el otro entre masa y la salida de voltaje para filtrar la tensión, la recomendación en el DataSheet es que la entrada sea el triple que la salida.

Otro de los muchos que existen y que todos ellos tienen el problema de ser poco óptimos y disipar la diferencia de voltaje en calor es el **LM317**, con una entrada entre 3V y 40V y la salida podrá variar entre 1,25V y 37V y 1,5A si la diferencia es menor a 15V dependiendo de la configuración.

Estos reguladores podemos decir que reducen la tensión a base de calor, así que si dividimos la diferencia de tensión de salida entre la de entrada y lo multiplicamos por 100 tendríamos aproximadamente el rendimiento energético.

Así que para una salida de 5V (**LM7805**) podríamos tener la siguiente tabla:

Tabla AN: Rendimiento energético LM7805

Entrada	Rendimiento energético
6V	83%
9V	55%
12V	41%
20V	25%

12.5.5.2   *Step-Down o Buck*

Un regulador conmutado Step-Down o Buck nos permite reducir

el voltaje de entrada de una forma más eficaz que los reguladores lineales, pasando incluso del 80% de eficacia, y disipando mucho menos calor.

Un reguladores conmutado almacena el voltaje de entrada periódicamente en bobinas o capacitadores y liberación en la salida un voltaje diferente que sera el buscado.

Tenemos por ejemplo el **LM2596**, que nos da un voltaje constante, siempre inferior al de entrada claro, y tiene las siguientes características:

- Corriente de salida de hasta 2A, aunque en las características indiquen 3A.

- Voltaje de entrada entre 4,5V y 40V

- Voltaje de salida entre 1,23V y 37V, que se regulara con el potenciómetro que se encuentra en el circuito. El voltaje de entrada deberá ser al menos 1,5V más que el de salida.

12.5.5.3   *Step-UP o Boost*

La función del los reguladores Setp-UP o Boost es el elevar el

voltaje de entrada, con eficacias superiores al 80% también.

Tenemos por ejemplo el **MT3608** que nos dará un voltaje constante superior al de entrada:

- Corriente de salida de hasta 2A.

- Voltaje de entrada entre 2V y 24V

- Voltaje de salida entre 2V y 28V y se ajusta con el potenciómetro que vemos en el circuito.

Debemos ser consciente que en estos dispositivos aumentamos la tensión (voltaje) pero por el principio físico de **conservación de la energía** debemos obtenerlo de otro lugar que en este caso es de la intensidad por lo que deberemos tener clara la siguiente formula.

$$V_{in} * I_{in} = V_{out} * I_{out}$$

13 *ANEXO-2 COMPONENTES*

En este capitulo trataremos los componentes externos que nos permitirán recoger información o mostrarla, como los LEDs del capitulo 12 Anexo-1 "Electrónica", que conectaremos a nuestro Arduino o ESP32.

13.1 Sensores

Son los dispositivos que nos permiten comunicarnos con el exterior, recogiendo información, pueden ser digitales o analógicos.

En los digitales tenemos por ejemplo sensores que detectan la apertura de una puerta o si un robot ha chocado, en los analógicos disponemos de mayor rango de información como es la temperatura de una habitación.

También tenemos sensores que dentro de ser simplemente digitales calculando el tiempo de respuesta se puede conocer datos analógicos, un ejemplo es los sensores ultrasonidos que se suelen usar en los robots.

13.1.1 Sensor ultrasonido (HC-SR04)

Podremos calcular la distancia a un obstáculo de la misma forma que realiza un radar o un murciélago, este sensor tiene un emisor de ultrasonidos y un receptor de forma que emitimos una señal y esperamos su respuesta de forma que cuando nos llega calculamos el tiempo y así de esa forma la distancia al obstáculo.

Tiene 4 patillas: Alimentación en **Vcc** y **GND** y luego una de **Trigger** que solicita que se lance el pulso y otra de **Echo** que se activa al recibir el retorno del trigger cuando choca con un objeto.

Este dispositivo tiene una precisión de 2 cm hasta 1 metro de forma muy precisa, si queremos conocer toda la información de este dispositivo podemos ver su DataSheet en *https://pdf1.alldatasheet.com/datasheet-pdf/view/1132203/ETC2/HC-SR04.html*

Su programación es muy sencilla como se puede ver en el ejemplo *EJHCSR04*, ya que basta con lanzar un pulso de 10 micro segundos al activar el *Trigger* y esperar su retorno con la función definida "*pulseIn*" en este momento bastara con realizar un calculo muy sencillo que consiste en dividir el tiempo entre la velocidad del sonido y esto a su vez entre dos ya que es el tiempo de ida y vuelta.

$$distancia = (tiempo/29)/2 \text{ Resultado en centímetros}$$

Recordemos que la velocidad del sonido depende de la temperatura y la densidad del medio, así que tomamos el valor de *340 m/s* y como vamos a tratar con centímetros y micro segundos, usaremos el valor de *29 μs/cm*.

13.1.2 Sensores analógicos

Son sensores que nos permiten comunicarnos con el exterior mediante valores no solo (Activo / No Activo) binarios sino que nos informan de un rango mayor. Estas entradas se conectarán al las entradas analógicas, explicadas en el capitulo 7.2 Entradas Analógicas (ADC), para leer una variación de voltaje.

13.1.2.1   TMP36

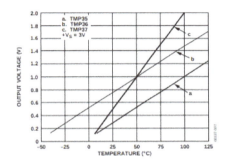 

- 50°C(0V) y 125°C(1,75V)

- Factor de escala de 10mV.

- Precisión de aproximadamente 2°C

OUTPUT			
TMP35 Output Voltage	$T_A = 25°C$	250	mV
TMP36 Output Voltage	$T_A = 25°C$	750	mV
TMP37 Output Voltage	$T_A = 25°C$	500	mV
Output Voltage Range		100 2000	mV

Podemos tener todo el DataSheet del TMO36 en
https://pdf1.alldatasheet.com/datasheet-pdf/view/49108/AD/TMP36.html

Para convertir el voltaje recibido a Temperatura se empleara la formula

$$Temp\ °C = (Vout\ mV - 500)/10$$

$$Temp\,ºC = (Vout - 0,5) * 100$$

$$ºC = (100 * Vout) - 50$$

$$Conversion\,a\,Fahrenheit = (ºC * 9/5) + 32$$

Tenemos dos ejemplos de programación de este sensor, uno sin display **SensorTMP36** y otro con un display **TMP36_Display**.

13.1.2.2   *Foto resistencia (LDR)*

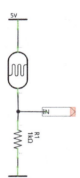

Es un componente que cambia su resistencia dependiendo de la luz, de forma que a mayor luz tendrá una resistencia menor.

Podemos ver el comportamiento de la entrada en el capitulo 12.2 Resistencias cuando hablamos del divisor de tensión, en que la variable R1 es nuestra célula.

13.2 Pantallas

Son elementos para poder visualizar información sin tener que usar la consola serie de nuestra plataforma.

1. LCDs

2. Display 7 segmentos

3. Barra de LEDs

4. Matriz de LEDs

5. Displays touch screen (Táctiles)

6. TFTs a color

13.2.1 LCDs

Los LCDs (Liquid Crystal Display) controlan la opacidad eléctricamente y mediante una iluminación trasera (backlight) necesaria de forma que visualizamos según esa opacidad.

Tenemos varios tipos, los más usados son 16x2 (LCD1602) y 20x4 (LCD2004) y la forma de conectarnos también tienen varias formas de conectarse:

- Directamente al display (16 hilos y 2 de retroalimentación.

- bus I2C (protocolo 4 hilos, dos de control (SDA, CLK) además de 5V y Masa.

Para los display de bus I2C, lo que hacemos es conectar un interfaz PCF8574, como el de la Fig. 51: Circuito MOSFET

La programación se realiza fácil con la librería *"LiquidCristal"* de A*rduino* para los displays compatibles con *HD44780*.

13.2.1.1   Conexión "BUS LCD"

Tabla AO: Conexión BUS LCD

PIN	Nombre	Descripción	Arduino / ESP32
1	Vss	GND	GND
2	Vcc	5V	+5V
3	Vo	Contraste	Potenciómetro 10K
4	Rs	Datos (H) / Comando (L)	Pin Digital
5	R/W	Lectura(H) / Escritura(L)	GND (siempre escribir)
6	EN	Habilita para recibir	Pin Digital
7-14	D0-D7	Bus de Datos	Pines digitales
15	LED+	Luz de Fondo	+5V
16	LED-	Luz de fondo masa	GND

El pin R/W lo pondremos a masa ya que solo escribiremos en el display, el bus de datos solo conectaremos D4 a D7 para usar solo comunicación de 4Bits.

Usaremos la librería "*LiquidCristal*" que nos facilita el uso del display, para sacar todo el partido lo programaríamos directamente y nos tendríamos que apoyar en *DataSheet*.

Todas la definición de la librería y sus funciones se pueden ver en (*https://www.arduino.cc/en/Reference/LiquidCrysta*l) lo esencial es que primero crearemos el objeto LCD con alguno de sus constructores en los que indicaremos los pines conectados.

```
LiquidCrystal lcd(12, 11, 5, 4, 3, 2); // (rs, enable, d4, d5, d6, d7)

lcd.begin(16,2) // (col, fil) define tamaño del display.
Lcd.clear()  // Limpia
lcd.setCursos(0,0) // (col,fil) posiciona cursor. home() como 0,0
lcd.print("TEXTO")
```

Podemos utilizar caracteres directamente desde el código en especial para los especiales, que se encuentran predefinidos.

```
Lcd.write(0xDF)     // Simbolo de grados  '°'
lcd.write(0xF4)     // Simbolo del ohmios 'Ω'
lcd.write(244)      // Simbolo del ohmio en decimal
lcd.write(0x41)     / La letra 'A'
```

Y también podemos definir nuestros caracteres, que tendrán un tamaño de 5x8. Hasta un total de 8 caracteres.

```
// Primero definimos el carácter poniendo 1 donde queramos que se imprima
byte smiley [8] = {
  B00000
  B10001
  B00000
  B00000
  B10001
  B01110,
  B00000
};

// Después simplemente se crea
lcd.createChar(0,smiley)  // Crea el carácter uno que se indexa con 0.

// Para usarlo simplemente llamaremos al código del 0 al 7.
lcd.write(byte(0))


// Ejemplos
uint8_t campana[8]  = {0x4,0xe,0xe,0xe,0x1f,0x0,0x4};
uint8_t nota[8]     = {0x2,0x3,0x2,0x1e,0xc,0x0};
uint8_t reloj[8]    = {0x0,0xe,0x15,0x17,0x11,0xe,0x0};
uint8_t corazon[8]  = {0x0,0xa,0x1f,0x1f,0xe,0x4,0x0};
uint8_t pato[8]     = {0x0,0xc,0x1d,0xf,0xf,0x6,0x0};
uint8_t check[8]    = {0x0,0x1,0x3,0x16,0x1c,0x8,0x0};
```

Recordar que antes de definir los caracteres deberemos inicializar el LCD con "*lcd.init()*" sino estaremos usando los que están definidos por defecto.

Fig. 47: Caracteres LCD

13.2.1.2   *Conexión I2C*

Si ponemos un adaptador *LCD-I2C* (basado en el chip *PCF8574*) nos permitirá usar nuestro LCD con solo dos hilos (*SDA, SCL*) y la alimentación (*+5V* y *GND*) para lo que deberemos identificar la dirección de este (por defecto suele ser *0x3F* o *0x27*) y si no la sabemos podemos escanearla con el siguiente programa.

```
#include <Wire.h>
void setup()
{
```

```
   Serial.begin(9600); // Habilitamos para que la consola nos muestre el ID.
   Wire.begin();

   Serial.println("Localizando IDs de dispositivos I2C");
   Serial.println("*********************************");
}

void loop()
{
   int count=1;
   byte direccion,error;

   for(byte direccion = 0;direccion<127; direccion++)
   {
     Wire.beginTransmission(direccion);
     error = Wire.endTransmission();
     if (error == 0)
     {
       Serial.print("Dispositivo ");
       Serial.print(count);
       Serial.print(" encontrado en: ");
       count++;
       Serial.print(direccion, DEC);
       Serial.print(" (0x");
       Serial.print(direccion, HEX);
       Serial.println(")");
       delay(10);
     }
     else if (error==4)
     {
       Serial.print("Error desconocido en:");
       Serial.print(direccion, DEC);
       Serial.print(" (0x");
       Serial.print(direccion, HEX);
       Serial.println(")");
     }
   }
   Serial.println("*******FIN búsqueda**************");

   delay(5000);
}
```

También se puede cambiar soldando estos pines convirtiendo a 1, los bits A3-A7 están fijados y por eso deberemos descubrir la dirección (0x3F 00111111 o 0x27 001001111)

Las conexiones en este caso serán:

Tabla AP: Conexión I2C

PIN	Arduino	ESP32
Masa	GND	GND
5V	+5V	+5V
Serial Data (SDA)	A4	GPIO 21 GPIO 18
Reloj (SCL o SCK)	A5	GPIO 22 GPIO 19

En este caso no seleccionamos los pines que nosotros queramos sino los correspondiente a SDA y SCL en UNO A4(SDA) A5 (SCL) en el ESP32 como se vio en el capitulo 9.2 I2C se dispone dedos buses así que elegiremos cual.

Disponemos de varias librerías:

- **LiquidCrystal_I2C**:
  https://github.com/johnrickman/LiquidCrystal_I2C

- **LiquidCrystal_PCF8574**:
  https://github.com/mathertel/LiquidCrystal_PCF8574

```
#include <Wire.h>
#include <LiquidCrystal_I2C.h>
lcd.backlight(); // Ponemos luz trasera
lcd.init();
```

A excepción de la inicialización las demás funciones son iguales.

Tenemos el ejemplo *TMP36_Display* en el que podremos ver el display los datos del sensor, también como definir un carácter.

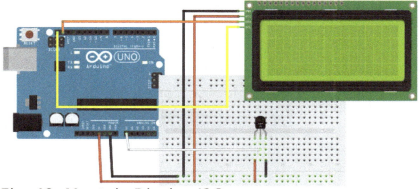

Fig. 48: Montaje Display I2C

13.2.2 TFT Color "ST7735"

Llega un momento en el que necesitaremos usar una pantalla a color y de mayor resolución, para esto usaremos displays TFT (Thin Transistor Layer) que son un tipo avanzado de pantallas LCD. Dispondremos de varios modelos con diferentes controladores: **ST7735** para tamaños de hasta 120x160 pixels, que es el que trataremos, **ILI9341** para tamaños mayores de hasta 240x320 pixels y otros como el **HX8357** (de 320x480 px) por ejemplo.

En este caso hablaremos de la pantalla TFT ST7735 de 1,8″ con una resolución de 128×160 píxeles a color, se utiliza el *bus SPI* para la comunicación. Debemos tener cuidado de buscar pantallas de grandes resoluciones, ejemplo 320x480, pues estamos al limite de las capacidades de tanto en CPU como en memoria y en el caso de que fuera necesario lo usaríamos solo como visualización u

optaríamos por otras soluciones como por ejemplo usar una
Raspberry-Pi.

Tabla AQ: Conexión I2C

PIN	Descripción	Arduino	ESP32
GND	Masa	GND	GND
Vdd	Alimentación	+5V	+5V
SCL	Reloj	D13(SCK)	GPIO-18
SDA	Entrada reloj	D11(MOSI)	GPIO23
RST	Reset a bajo	D9	GPIO-2
DC	Comando / Datos	D8	GPIO-4
CS	Selección	D10(SS)	GPIO-5
BLK	Control Brillo	NC	NC

Para trabajar con este Display usaremos por ejemplo la librería
Adafruit-ST7735 que solo sera necesario cargarla desde el gestor de
librería de nuestro IDE, cuando nos pregunte si deseamos instalar
las dependencias le diremos que si a todas.

La programación con esta librería es bastante sencilla y se puede
ver en el ejemplo *TFTST7735S* y comentamos algunos detalles a
continuación.

```
#include <Adafruit_GFX.h>     // Núcleo de la librería
#include <Adafruit_ST7735.h> // Hardware ST7735
#include <SPI.h>              // Comunicación SPI, por el que se comunica el Display.

// Creamos el objeto
Adafruit_ST7735 tft = Adafruit_ST7735(TFT_CS, TFT_DC, TFT_RST);
                              O
Adafruit_ST7735 tft = Adafruit_ST7735(TFT_CS, TFT_DC, TFT_MOSI, TFT_SCLK, TFT_RST);

// Inicializamos la pantalla
tft.initR(INITR_BLACKTAB);

tft.fillScreen(ST77XX_BLUE);   // Limpiamos la pantalla con el color de fondo que se
desee
```

Con esto ya estamos listos para empezar a dibujar sobre ellas y para esto tenemos muchos métodos que nos ayudaran.

Tabla AR: Métodos ST7735

Método	Descripción
fillScreen(color)	Limpiamos y ponemos color de fondo
setRotation(Valor 0-3)	Rotación de la pantalla esta afecta a la forma de escribir. (0) Orientación normal, (1) rotamos 90º, (2) rotamos 180 es decir la tenemos boca abajo, (3) 2701 lo cual escribimos de abajo arriba.
setTextSize(Valor 1-5) setTextSize(ancho,alto)	Tamaño del texto (5 disponibles) Se especifica el ancho y el alto, sin guardar relación.
setCursor(x,y)	Posicionaremos el cursor donde se empezara a escribir.
setTextColor(color)	Color con el que se escribe
setTextColor(texto,fondo)	Color del texto y del fondo
print (texto) println(texto)	Escribe un texto el ultimo método añade un retorno de carro como siempre. Posicionando el cursor en la siguiente linea según el tamaño de escritura.
drawFastVLine(x,y,longitud,color)	Dibuja una linea vertical.
drawFastHLine(x,y,longitud,color)	Dibuja una linea horizontal.
drawLine(x,y,xf,yf,color)	Dibuja una linea especificando los puntos de inicio y fin.
drawRect(x,y, ancho, alto, color)	Dibuja un rectángulo.
drawRoundRect(x,y, ancho, alto, radio, color)	Dibuja un rectángulo con esquinas redondas.
fillRect(x,y, ancho, alto, color)	Dibuja un rectángulo relleno de un color.
fillRoundRect(x,y, ancho, alto, radio,color)	En este caso con esquinas redondeadas.
drawCircle(x,y,radio,color)	Dibuja un circulo.
fillCircle(x,y,radio,color)	Dibuja un circulo y lo rellena con el color especificado.
drawTriangle(x1,y1,x2,y2,x3,y3,color)	Dibuja un triangulo con los tres vértices pasados.
fillTriangle(x1,y1,x2,y2,x3,y3,color)	Lo mismo pero lo rellena con el color especificado.

13.2.2.1   Imágenes en pantallas

Podemos visualizar imágenes en este display TFT. Estas imágenes deben estar en formato de mapa de bits, lo ideal es el formato BMP ya que no esta comprimida, así que la imagen que cargaremos en la tarjeta SD o el sistema de ficheros *SPIFFS* estará en este formato.

Nuestra imagen por lo tanto deberá convertirse al formato BMP y deberemos ajustar el tamaño, 160 × 128 píxeles en nuestra pantalla, a nuestra resolución.

Para una correcta visualización deberemos asegurar que es un fichero BMP, un solo plano de 24 bits y sin comprimir.

Tabla AS: Formato cabecera BMP

Posición	Significado
0 - 1	Firma de fichero tipo BMP (0x424D "BM")
2 – 5	Tamaño del archivo.
6 – 9	Reservados.
10 – 13	Inicio datos de la imagen.
14 – 17	Tamaño cabecera del bitmap.
18 – 21	Anchura en pixels.
22 – 25	Altura en pixels.
26 – 27	Número de planos.
28 – 29	Profundidad.
30 - 33	Compresión (0 es no comprimido)
34 – 37	Tamaño de la imagen.
38 – 41	Resolución horizontal.
42 -45	Resolución vertical.
46 – 49	Tamaño de la tabla de color.
50 -53	Contador de colores importantes

La forma más sencilla es utilizar la la librería "Adafruit_SPITFT.h" si usamos el sistema de ficheros SPIFFS en un ESP32 o "Adafruit_ImageReader.h" para un dispositivo SD en un Arduino, podemos ver un ejemplo con un ESP32 y el sistema de ficheros *SPIFFS* en el ejemplo *EjSPIFFS_ST7735* .

13.3 Buzzer

Los *buzzer* nos permite generar sonido de forma simple y barata, la calidad de sonido es baja pero suficiente para alertas, podremos incluso generar notas musicales, ya sea un simple zumbido o pequeñas piezas musicales con baja calidad recordando al antiguo *ZX Spectrum* con su sentencia *"BEEP"*.

El funcionamiento es muy simple conectaremos el positivo a una de las entradas PWM y la otra a GND, lo que nos permitirá realizar ondas de alto a bajo que generaran el zumbido. Debemos tener cuidado pues la corriente de salida de Arduino no podrá pasar de 40mA.

Además de los *buzzer* podremos poner altavoces, este nos dará mejor calidad pero necesitara más potencia para excitarlo, y deberemos proteger la salida para que no pase de 40mA. Así en un altavoz de 32Ω si aplicamos la ley de ohm deberemos optar por una resistencia de 220Ω.

Fig. 49: Esquema Altavoz

que nos dará 20 mA de consumo o 470Ω. que nos da 10 mA, es un volumen menor pero muchas veces aceptable.

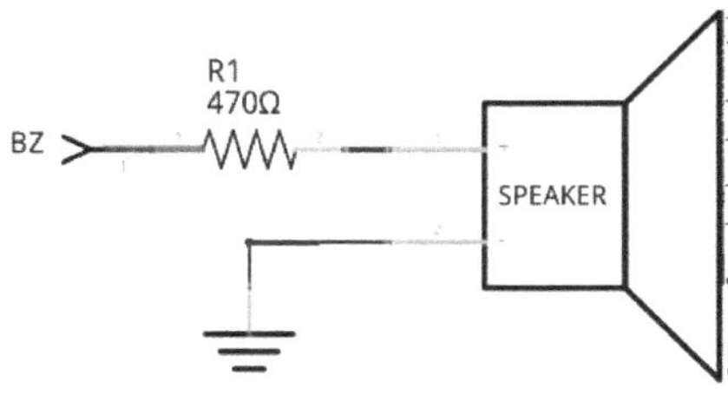

En Arduino disponemos de la función *"tone"* que nos genera una onda cuadrada de una frecuencia especifica en el *pin* que indiquemos, también se le podrá indicar la duración. Debemos tener en cuenta que solo podremos generar un tono a la vez, aunque sean en diferentes *pines*, y solo producirá tonos mayores de 31Hz.

```
tone(Pin,frecuencia);
tone(Pin,frecuencia,duración);

noTone(Pin);  // Para la generación de onda
```

En el Arduino se deben evitar los pines 3 y 11 ya que la función *tone* interfiere las salidas *PWM* de estos pines.

En el ESP32 no disponemos de la función *tone* aunque al utilizar el modulo *LEDC* para el uso de *PWM*, como se puede ver en el capitulo 7.3.1 Utilización PWM en ESP32, encontraremos además de la simple función para generar tonos otras que nos permitirán emitir notas especificas.

```
// Antes de usar Tonos deberemos definir el Pin y canal a utilizar como en PWM,
//ledcAttachPin(GPIO, Canal)  // Versión OLD ESP V 2
ledcAttach(GPIO, frecuencia, Resolución)  // Nueva versión 3

// Para asignar un canal especifico
bool ledcAttachChannel(uint8_t pin, uint32_t freq, uint8_t resolution, int8_t channel);

ledcWriteTone(GPIOx, Frecuencia)
delay(duración)

// Silenciamos noTone()
ledcDetach(GPIOx)
ledcWrite(Canal,0)

// Notas
ledcWriteNote(GPIOx, nota, octava);
```

13.3.1 Generar notas musicales

Las notas musicales son frecuencias lo único que deberemos realizar es generar esas frecuencias en el buzzer o *altavoz*.

Ahora solo nos queda saber las frecuencias de cada nota.

Tabla AT: Notas musicales

Nota	Frecuencia Hz	Octava	Nota Anglosajón	Orden
La	220,00	Octava 3	A	-3
La# / Sib	233,08		A#	-2
Si	246,94		B	-1
Do	*261,63*	Octava 4	*C*	*0*
Do# / Reb	277,18		C#	1
Re	293,66		D	2
Re# /Mib	311,13		D#	3
Mi	329,63		E	4
Fa	349,23		F	5
Fa# /Solb	369,99		F#	6
Sol	391,99		G	7
Sol# / Lab	415,30		G#	8
La	440,00		A	9
La# / Sib	466,16		A#	10
Si	493,88		B	11
Do	523,25	Octava 5	C	12
Do# / Reb	554,36		C#	13
Re	587,33		D	14

Esta tabla se forma con una sencilla formula, teniendo en cuenta que la nota cero es el "DO de la 4ª Octava" y que corresponde a la frecuencia de 261,625 Hz.

$$Frecuencia = 261,625 * 1,0594630943593^{Orden}$$

Ahora nos queda conocer la duración de las notas

Tabla AU: Tiempos de las notas

Nombre	Tiempo
Redonda	4 tiempos
Blanca	2 tiempo
Negra	1 tiempo
Corchea	½ tiempo

| Semicorchea | ¼ tiempo |
| Fusa | ⅛ tiempo |

Tenemos el ejemplo **Música** en el que podemos ver como reproducir pequeñas partituras, según el fichero cabecera que utilicemos, con un simple Buzzer. Creamos la función *"BEEP"* para recordar al *ZX-Spectrum* de forma que unificamos nuestra forma de programar música en el Arduino y el ESP32.

Antes de terminar este capitulo comentaremos las funciones especiales que tiene el ESP32, por si no quedamos convencidos en crearlas nosotros, para generar notas musicales.

```
// Tipo note_t, que es un enumerado para indicar las notas en formato anglosajón.
// Los posibles valores son:
//  NOTE_C, NOTE_Cs, NOTE_D, NOTE_Eb, NOTE_E, NOTE_F, NOTE_Fs, NOTE_G, NOTE_Gs, NOTE_A,
NOTE_Bb, NOTE_B
// C=DO, Cs El do sostenido y así hasta B que es nuestro Si

ledcWriteTone(Canal,frecuencia);
ledcWriteNote(Canal, note_t Nota, Octava);   Genera una nota de la octava elegida.

ledcWriteTone(Canal,0) Silenciamos)
```

13.4 Motores

Los motores son los dispositivos que dan movilidad, ya sea a un robot a una cámara o lo que se nos ocurra. Tenemos varios tipos de motores y elegiremos el que mejor se adapte a nuestro proyecto según la velocidad o precisión que necesitemos.

- **Corriente continua:** Son los que en aplicaciones como robótica suelen dar el giro de las ruedas, tienen gran estabilidad de giro pero es difícil controlar el ángulo girado debiéndose usar elementos externos. En los motores de continua la velocidad es directamente proporcional a la tensión aplicada, para controlar la velocidad se pueden usar varios métodos una salida analógica o una salida *PWM* podemos ver su utilización en 7.3 PWM.

- **Servomotores** Similar a los de corriente continua pero nos permite controlar el ángulo (dentro de un rango) y estar estable en esa posición. Estos motores se controla mediante salidas *PWM 7.3 PWM.*

- **Paso a Paso** Estos nos permiten conocer el ángulo de giro ya que como su nombre indica gira un ángulo determinado por cada paso que le marcamos, podrán ser Unipolares y Bipolares, estos motores los controlaremos mediante salidas digitales con secuencias programadas.

  Basan su movimiento en el giro de pasos, no mediante escobillas sino posicionándose en el imán que le corresponda, lo que hace que se caliente bastante y por eso se usan para realizar posiciones precisas de elementos y no para dar movimientos continuos a objetos.

  Tienen un coste menor que los servomotores y su velocidad es más lenta.

Los motores al igual que otros componentes necesitan mayor corriente que la que suministra las salidas digitales de nuestra placa (Arduino, ESP32, etc.) un motor suele necesitar entre 100-200mA.

Los motores puede generar una corriente de inducción que dañaría nuestras salidas, así que necesitaremos pequeños circuitos auxiliares que sirvan de interruptores, así el motor sera alimentado con una fuente externa según se active o no las salidas digitales.

13.4.1 Alimentación de los Motores

Un motor requiere más corriente que la que nos puede suministrar nuestra placa (Arduino, ESP32, etc.) e incluso a veces voltajes superiores a los 5V, para resolver esto emplearemos elementos externos que realicen la función de interruptor de la fuente externa (la que alimenta el motor) a petición de una de las salidas digitales de nuestra placa.

Tenemos varias opciones:

- Transistor

- Transistor tipo MOSFET

- Puente H, ejemplo el circuito L293D

- Placas externas, muchas usan el circuito anterior, con fuente incluida.

13.4.1.1   MOSFET

Un MOSFET es un transistor de Efecto de Campo de Metal-Óxido-Semiconductor (**M**etal **O**xide **S**emiconductor **F**ield **E**ffect **T**ransistor) y que nos permitirá la conmutación de la fuente externa que alimentara al motor.

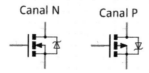

Fig. 50: MOSFET

Un transistor tenia base, emisor y colector en los MOSFET tendremos:

- Puerta (**G**ate) *Base* (Los tres puntos)

- Drenaje(**D**) es de salida *Colector* (Sin flecha)

- Fuente o Sumidero(**S**) es de entrada *Emisor* (Flecha)

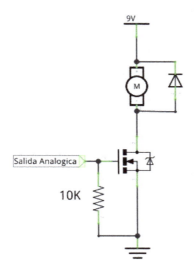

Fig. 51: Circuito MOSFET

Lo usaremos como interruptor ya que permite conducir electricidad entre sus patillas al aplicar una tensión en su ***Puerta*** (Gate) y a diferencia con un transistor normal, bipolar, es que el transistor se activa por corriente en la base y el *MOSFET* se activa por tensión, además de tener una disipación de calor muy pequeña.

Tenemos un ejemplo ***MotorContinua*** que utiliza el MOSFET *IRF520* (mejor usar IRL520) , que permite conducir o no según se active la salida de nuestro Arduino ya que sus características son:

1. MOSEF canal N,

El umbral de la ***Puerta*** es positivo al que conectamos la salida digital de nuestra placa, la ***Fuente*** se conecta a Masa y el ***Drenaje*** al motor, el otro polo del motor a positivo.

2. Máxima tensión drenador-fuente (V_{DSS}) es el máximo que se puede usar para alimentar el motor. (**100V**)

3. V_{GS} Tensión máxima en Puerta-Fuente, normalmente no llegaremos en nuestros proyectos. (**20V**)

4. P_D o P_{tot} Disipación de potencia máxima (**70 W**)

$$Potencia\,disipada = V_{DS} * I_D$$

5. Tensión umbral puerta-fuente $V_{GS(Th)}$ mínimo necesario para empezar a conducir (**4V**)

6. Máxima corriente del drenador I_d (**10A**)

7. Resistencia en conducción R_{DSon} (**0,27Ω**)

Para usar un ejemplo MOSFET con el ESP32 deberemos cambiar el modelo con un $V_{GS(Th)}$ que se adapte a los 3.3V, por ejemplo un *IRL540* que le vale con 2V.

Lo recomendable es utilizar una etapa de preamplificación con un transistor, entre la salida del amplificador y la puerta del MOSFET.

13.4.1.2   *Puente H (L293D)*

Es un circuito integrado que consta de 4 puentes-H, que nos permitirá controlar 4 motores de continua o dos si queremos que funcionen en las dos direcciones, así como motores paso a paso.

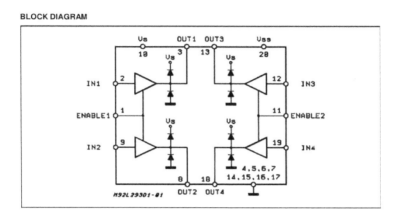

Este circuito nos permite alimentar de forma independiente los motores de hasta 36V con solo activarlos con entradas de control de 5V. Nos suministra 600mA por canal pero si necesitáramos mas podríamos usar el L293 (sin la D) que nos suministra 1A.

Tendremos dos pines de habilitación de las lineas (1,2) y (3,4) cada linea tendrá su entrada(A) y salida (B) ademas de la masa, la alimentación de la lógica del circuito y la del motor.

Tabla AV: Patillaje L293

PIN	Nombre	Función
1	ENABLE 1	Activa lineas 1 y 2
2	IN 1	Entrada linea 1
3	OUT 1	Salida linea 1
4, 5, 12 y 13	GND	Masa y disipador de calor
6	OUT 2	Salida linea 2

7	IN 2	Entrada linea 2
8	Vs	Alimentación motor 5V-36V
9	ENABLE 2	Activa las lineas 3 y 4
10	IN 3	Entrada linea 3
11	OUT 3	Salida linea 3
14	OUT 4	Salida linea 4
15	IN 4	Entrada linea 4
16	Vss	Alimenta L293D 5V

El funcionamiento es muy sencillo de forma que al tener **Alto** en el *ENABLE* correspondiente de la linea y **Alto** en las entradas *IN* tendremos el voltaje de *Vs* en la correspondiente *OUT.*

Un montaje típico en motores de continua es poner una salida *PWM* en los *ENABLE*s de forma que podremos activar o no el motor y ademas regular la velocidad y según seleccionemos uno u otro *IN* en alto el motor girara adelante o atrás, ya que los *OUT* los conectaremos a cada uno de los polos del motor.

Tabla AW: Lógica Giro

ENABLE1	IN1	IN2	OUT1	OUT2	Movimiento
BAJO	-	-	0V	0V	Parado
ALTO	BAJO	BAJO	0V	0V	Parado
ALTO	BAJO	ALTO	0V	Vs	Atrás
ALTO	ALTO	BAJO	Vs	0V	Alante
ALTO	ALTO	ALTO	Vs	Vs	Parado

Como vemos en la tabla de lógica bastaría con tener solo 3 pines uno PWM (para regular la velocidad) en ENABLE y dos para los *IN* en invertido (es decir cuando uno es **Alto** el otro en **Bajo**) ya que si deseamos pararlo lo mejor es poner el *ENABLE* a **Bajo**.

Otra solución y nos ahorra un pin digital, de los conectados a IN, es usar un circuito integrado inversor como puede ser el 7404 de forma que una salida va directa el IN y la otra pasa por el circuito 7404.

Así podríamos tener el siguiente circuito para motores de continua.

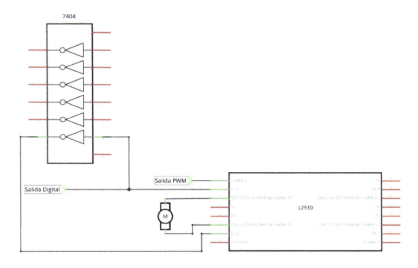

Fig. 52: Esquema L293D con inversor

13.4.1.3   *Placas L298N*

La placa L298N, un controlador puente-H con las siguientes características:

- Regulación de tensión (LM7805) a 5V, si activamos el jumper regulador y se alimentara con un voltaje de 7V – 12V.

Si no esta el jumper regulador, no se activa el regulador LM7805 y la alimentación sera de 12V a 35V pero deberemos dar una alimentación de 5V para la lógica.

- 4 Salidas (Out1-4) para el control de un motor paso a paso o 2 de continua. Hasta 2A.

- 4 Entradas IN1-4

    o IN1-2 para el control del giro del motor A

    o IN3-4 Control del giro del motor B

- **Jumper *ENA* y *ENB***, habilitan o deshabilitan las salidas A y B respectivamente.

    Puenteado a 5V siempre habilitado, si no lo puenteamos lo normal es poner una salida PWM para control de velocidad o una señal que habilite el funcionamiento del motor.

- Bornas alimentación

    o +12V (7-12V) con jumper y (12-35V) sin jumper.

    o Masa

    o +5V Nos dará 5V de salida con Jumper, usar solo si los motores no sobrepasan de los 500mA, y sin el deberemos poner una entrada de +5V para la lógica.

- **J.Regulador** puesto activa el regulador LM7805 y tendremos una salida de 5V y la entrada v_{in} solo podrá estar entre 5V y 12V.

    Si no tenemos puesto podremos realizar una alimentación entre 12V – 35V pero en este caso deberemos alimentar con 5V a la lógica.

13.4.2 Motores de continua

El motor de corriente continua convierte energía eléctrica en un movimiento rotatorio. Así que a mayor electricidad mayor velocidad, ademas dependiendo de la polaridad de esta este movimiento se realizara en un sentido u otro.

Podemos ver un ejemplo con un ejemplo simple en *MotorContinua* y también podemos ver un montaje con la placa L298 que nos permitiría poner dos motores y controlar su velocidad por PWM y el sentido de giro.

13.4.3 Servomotores

Nos permite definir la posición del motor, dentro del las limitaciones de giro del motor, y la velocidad de giro. Ojo existen unos de rotación continua, llamados de circuito abierto o continuos y no tiene limitación de angulo pero en este caso no podemos controlarlos de forma sencilla por eso nos centramos en los de circuito cerrado o con limitación de angulo.

Características:

- **Angulo:** Es la limitación de giro. Así un motor de 180º de giro se moverá de -90º a 90º. Y la resolución sera de poco más de un grado especialmente debido a las limitaciones del PWM de las placas que es con lo que controlaremos.

- **Voltaje:** Normalmente los tendremos entre 4,8V y 6V.

- **Torque**: Nos indica los kilos a levantar para una carga situada a un centímetro del eje.

Ejemplo un motor de 5Kg/cm podrá levantar 5Kg a 1cm y 2,5 a 2cm, con el brazo en posición horizontal, esto varia con el angulo del brazo y aplicaremos la formula del seno.

Así a 30º (seno(30º) es 0,5) el segundo peso, que estaba a 2cm ahora podría levantar 5Kg desde esa posición.

- **Velocidad:** giro T/G: Es el tiempo (T) que tarda en efectuar un giro de (G) grados.

- **Señal**: Es la señal de control o pulso de trabajo y normalmente es un pulso de 1,5 milisegundos para posicionarlo en 90º, en un servo de 180º, y se deberá realizar durante un periodo de uno 20ms (50Hz) de forma que si la señal de control aumenta se mueve de forma proporcional hacia un lado y si disminuye igual pero al otro lado.

Decir que el periodo es de 20ms indica que solo se podrá cambiar la posición cada 20ms.

Estos motores tendrán tres cables: Masa, voltaje y señal.

Para la programación de los servomotores utilizaremos la librería "Servo.h" que ya la tenemos incluida en nuestro IDE.

Podemos ver el ejemplo *ServoMotor* en el circuito no se ve pues esta simplificado al máximo pero podríamos poner un condensador 100µF por ejemplo) entre la masa y positivo del motor, condensador de desacoplamiento, para que suavice la caída de voltaje debido al tener mayor consumo en los arranques de motor.

Fig. 53: Montaje servomotor

La programación es muy sencilla con los métodos de la clase *Servo*.

Tabla AX: Métodos Servo.h

Nombre	Descripción
attach(pin)	Definimos el pin de control
attach(pin,min,max)	Pin de control. Ancho pulso para 0 grados (544) en microsegundos Ancho pulso 180 grados (2400) en microsegundos
detach()	Desengancha el pin para que no envié pulso.
write(angulo)	Mueve al angulo indicado

13.4.4 Motores Paso a Paso

Nos permite igualmente controlar el posicionamiento pero en este caso la velocidad de giro podríamos decir que no es controlable ya que va a salto. El movimiento de estos motores se logra gracias a las fuerzas de atracción y repulsión magnética.

Características:

- Frecuencia de paso máximo **Pull-in/out (pps)** nos indica el número máximo de pasos por segundo que puede dar el motor sin que el motor deje de responder. Con este parámetro podremos calcular la velocidad máxima que puede realizar el motor.

- **Pasos / Grados**: Nos define la precisión de este ya que nos da los grados que gira en cada paso. A veces nos darán los pasos totales por vuelta y solo sera necesario aplicar esta sencilla formula "360/pasos" para calcular el angulo de giro.

- **Voltaje**: Es la tensión de trabajo.

- **Resistencia**: Es la resistencia de los bobinados y nos dará la corriente de consumo del motor.

- **Torque retención**: Torque máximo aplicado cuando el motor no se alimenta.

- **Torque arranque**: el Torque al arrancar el motor.

- **Torque giro**: El torque máximo que se puede aplicar sin perder pasos.

- **Torque anclaje**: Torque en detención aplicando energía.

El funcionamiento de estos motores es ir activando bobinas de forma secuencial, para que este vaya avanzando y tenemos varias formas de funcionar según como se activen las bobinas:

- **Wave Drive**: Activamos una sola bobina a la vez. Así apuntaremos a la bobina.

- **Full Step**: Se activan dos bobinas, generando mas torque y ademas la recomendada por el fabricante, de forma ordenada

(AB, BC, CD, DA) y vuelta a empezar. De esta forma apuntamos entre dos bobinas.

• **Half Step**: Es una combinación de las otras dos y logramos que solo se avance medio paso. De esta forma lograre que se apunte a la bobina, modo Wave, y luego entre dos con el modo Full de forma que la secuencia seria (A, AB, B, BC, C, CD, D, DA)

Los motores paso a paso pueden ser por norma general bipolares o unipolares.

a) *Bipolares*

Los motores bipolares, solo tienen una bobina por fase y tendrán 4 cables. Requieren un control con un puente-H para cada una de las fases.

Podemos usar directamente un integrado L293 que dispone de 4 puentes-H poniendo a alto las entradas de habilitación ya que solo queremos activar y no controlar velocidad con PWM como pasaría con los motores de continua.

También podríamos usar un A4988, en aquellos que tengan 4 cables (dos para cada bobina) de forma que conectaríamos una bobina a los bornes **1A** e **1B** y la otra a **2A** y **2B**.

A veces no disponemos de la información del cableado así que localizarlo en motores **bipolares** con 4 cables, es muy sencillo, ya que dos cables que den resistencia es una bobina, cuando es de otra bobina dará circuito abierto.

b)   *Unipolares*

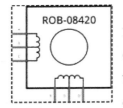

Los motores unipolares tienen dos bobinas por fase, lo que permite invertir el campo magnético, y en el centro de ellas lo que llamamos común. Lo tenemos de 6, 5 y 8 cables normalmente. En este caso solo la mitad de la fase transporta corriente lo que hace que el par-motor sea menor, pero se puede solucionar con el A4988 haciendo que se comporte como un *bipolar* pero solo con los motores de 6 y 8 no con los de 5 cables. Y la conexión es sencilla cuando disponemos de 6 cables pues eliminamos el común de cada una de las bobinas y ya lo convertimos en un bipolar.

Para ver los cables de los **unipolares** mediremos la resistencia de forma que para ver cuales son los terminales comunes:

- Infinito, no hay conexión

- Resistencia: Bobina

- ½ Resistencia: Común y bobina.

Según sea 6 cables (dos comunes separados) o 5 cables (el común es general a las dos bobinas) en el caso de ser 6 cables deberemos asignar el cada común a su bobinas.

13.4.4.2   A4988 y DRV8825

Son puente-H destinados a controlar motores paso a paso, con las siguientes características:

- Nos permite limitar la corriente que pasa por lo motores.

- Reducir el numero de entradas de control: una para la el sentido del giro y otra el avance.

- *Microstepping* de forma que nos permite mayores precisiones de paso.

La diferencia entre ambas son:

1. El **DRV8825** ofrece micropasos de 1/32 frente a los 1/16 de la **A4988**, permitiendo un paso más suave y silencioso.

2. **DRV8825** admite 45V de 2,5A frente a los 35V de 2A de la **A4988**.

3. El pulso de paso en el **DRV8825** es de 1,9µs frente a 1µs del **A4988**.

El conexionado en ambas placas es:

- **ENABLE**: Desactiva el controlador, cuando esta en alto. Si se deja desconectado estará habilitado el controlador.

- **GND**: Masa

- **VDD**: Voltaje entre 3,5 y 5V para la alimentación lógica del circuito.

- **VMOT**: Alimentación de motor, entre 8 y 35V, se recomienda poner un condensador de 100μF entre este pin y la masa.

- **MS1-3**: Selección de resolución según la Tabla AY: Programación micropasos

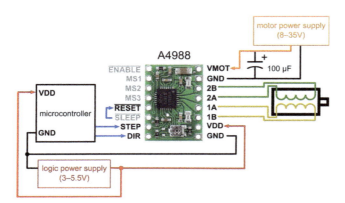

- **1A,1B,2A,2B** Motor paso a paso de 4 cables (1-B a la bobina 1 y 2A-B a la bobina2).

- **STEP** y **DIR**: Llamadas entradas de control, por cada pulso que demos en *STEP* se dará un micro paso, según la dirección seleccionada en *DIR*, no debemos dejar desconectados.

- **SLEEP**: Cuando esta en bajo entramos en modo reposo, limitando el consumo.

- **RESET**: Se activa a nivel bajo, ignoramos las entradas *STEP*. Se suele conectar al pin SLEEP.

Tabla AY: Programación micropasos

MS1	MS2	MS3	Movimiento
BAJO	BAJO	BAJO	Paso completo Se podrán dejar desconectados, ya que disponen de resistencias pull-down internas
ALTO	BAJO	BAJO	½ Paso
BAJO	ALTO	BAJO	¼ de paso

ALTO	ALTO	BAJO	⅛ de paso
ALTO	ALTO	ALTO	1/16 de paso

Ajuste de la limitación intensidad (*Chopping*) usaremos el potenciómetro de la placa, así evitaremos calentamientos y perdidas de paso, y aplicaremos la formula

$$I_{max} = V_{ref} / (8*R_s) \text{ para el A4988}$$

$$V_{ref} = I_{max} * 8 * R_s$$

$$I_{max} = V_{ref} / (5*R_s) \text{ para el DRV8825}$$

$$V_{ref} = I_{max} * 5 * R_s$$

Siendo R_s la resistencia de detección de corriente. Ademas deberemos tener en cuenta que cuando se usa en "Pasos completos" deberemos corregirla al 70%.

1. Alimentaremos la placa y puntearemos *RESET* y *SLEEP* sin conectar el motor.
2. Mediremos V_{ref} entre masa y el potenciómetro.

I_{max} es el consumo de nuestro motores que se obtendrá en el fabricante o dividiendo la alimentación entre la resistencia de uno de los bobinados.

$$consumo\ corriente\ (A) = Alimentacion\ (V) \div R.Bobina\ (\Omega)$$

Podemos también medirlo poniendo el medidor en serie con una de las bobinas.

13.4.5 "Paso a Paso" VS "Servomotor"

Ambos nos permiten posicionar el motor de forma precisa, no como pasa con los motores de continua que dejamos normalmente para uso de rotación continua.

1. Si se requiere velocidad es mejor el servomotor incluso si se desea el control del la velocidad del posicionamiento.

2. Los de paso a paso son más adecuados si se precisa de muchas paradas y arranques.

3. El PAR del los dos es similar pero mientras que los paso a paso (PaP) usan el máximo, recordar que se posicionan en los imanes, en los servomotores se puede controlar.

4. Los motores PaP son más estables cuando se encuentran en reposo ya que los servomotores pueden mostrar vibraciones, en cambio si vamos a gestionar un control vertical si nos serian útiles sobretodo si requerimos de operaciones suaves.

5. Los motores PaP tienen un torque de detención que les permite mantenerse firmes en la posición mientras aplicamos la tensión a esa posición.

14 ANEXO "TABLAS"

15 ANEXO "FIGURAS"

www.ingramcontent.com/pod-product-compliance
Lightning Source LLC
LaVergne TN
LVHW081521050326
832903LV00025B/1576